ALFRED BLAZEK

Die Wirkung der Besteuerung auf das Arbeitsangebot

Volkswirtschaftliche Schriften

Herausgegeben von Dr. J. Broermann, Berlin

Heft 144

Die Wirkung der Besteuerung auf das Arbeitsangebot

Von

Dr. Alfred Blazek

DUNCKER & HUMBLOT / BERLIN

Gedruckt 1970 bei Berliner Buchdruckerei Union GmbH., Berlin 61
Printed in Germany

Inhaltsverzeichnis

Einleitung 9

I. Über die Bedeutung und Notwendigkeit der Erforschung der Steuerwirkungen ... 9

II. Die Problemstellung der vorliegenden Untersuchung ... 13

III. Einige Erläuterungen zum Aufbau der Arbeit ... 15

Erster Teil

Die Systematik der Steuerwirkungen und die Einordnung des hier zu untersuchenden Problems

I. Begriffe und Einteilungskriterien ... 18

II. Die ökonomischen Steuerwirkungen ... 21

1. Vorbemerkung ... 21
2. Die Substitutionswirkungen ... 22
   a) Die Substitutionswirkungen im Bereich der Haushalte ... 23
   b) Die Substitutionswirkungen im Bereich der Unternehmungen ... 27
3. Die Preiswirkungen ... 32
   a) Die Steuerüberwälzung im Bereich der Haushalte ... 33
   b) Die Steuerüberwälzung im Bereich der Unternehmungen ... 34
      aa) Das bisherige Betriebsverhalten ... 36
      bb) Die Elastizitätsverhältnisse ... 38
4. Die Einkommenswirkungen ... 39
   a) Der Inzidenzbegriff ... 40
   b) Besteuerung und Anpassungsprozesse ... 41
      aa) Die Anpassungsprozesse im Bereich der Haushalte ... 41
         α) Die Wirkung der Besteuerung auf Konsum und Spartätigkeit ... 42
         β) Die Wirkung der Besteuerung auf das Arbeitsangebot ... 45
      bb) Anpassungsprozesse im Bereich der Unternehmungen ... 46
         α) Die Wirkung der Besteuerung auf die Investitionstätigkeit und Risikobereitschaft ... 47
         β) Die Wirkung der Besteuerung auf die unternehmerische Aktivität ... 49
5. Abschließende Bemerkungen zur Systematik der ökonomischen Steuerwirkungen ... 50

Zweiter Teil

Die Wirkung der Besteuerung auf das Arbeitsangebot

I. Die Negation des Problems 52

II. Die bisherigen Lösungsversuche in der Literatur 53

1. Die theoretischen Lösungsversuche 53
a) Die Wirkung der Besteuerung des Arbeitseinkommens auf das Arbeitsangebot 53
aa) Das work-leisure-Problem und die Besteuerung des Arbeitseinkommens 53
α) Hypothesen über das Präferenzsystem 54
β) Die Wirkungen der Progression auf das Arbeitsangebot 65
bb) Die Berufswahl und die Besteuerung des Arbeitseinkommens 67
α) Die Analyse der Wahl der Beschäftigung 68
β) Der steuerliche Einfluß auf die Wahl der Beschäftigung 70
b) Die Wirkung der Besteuerung von Arbeits- und Kapitaleinkommen auf das Arbeitsangebot 72
c) Die Wirkung der Verbrauchsbesteuerung auf das Arbeitsangebot 73

2. Die empirischen Lösungsversuche 73
a) Vorbemerkung 73
b) Kriterien für die Abgrenzung des Untersuchungsgebietes 74
aa) Sachliche Kriterien 74
bb) Personelle Kriterien 75
c) Ergebnisse und Schlußfolgerungen 75
aa) Die Studie Kimmels 75
bb) Die Studie Sanders' 80
cc) Die Studie Breaks 84
α) Stichprobe und Interviewmethode 85
β) Ergebnisse und Schlußfolgerungen 86
dd) Die Studie von Rolfe und Furness 90
ee) Die Studie von Grubel und Edwards 91

III. Kritik der bisherigen Lösungsversuche 94

IV. Die Untersuchung der Wirkung der Besteuerung auf das Arbeitsangebot auf der Grundlage einer Theorie der Allokation der Zeit 95

1. Einleitende Bemerkungen und allgemeine Prämissen 95

2. Eine Theorie der Allokation der Zeit 98
a) Die grundlegenden Annahmen 99
b) Die Allokation der Zeit zwischen arbeits- und konsumorientierten Aktivitäten 100

3. Die Wirkung der Besteuerung auf die Allokation der Zeit zwischen arbeits- und konsumorientierten Aktivitäten 106
a) Die ökonomischen Haupteinflußgrößen auf die Allokation der Zeit 106

b) Die metaökonomischen Einflußgrößen auf die Allokation der Zeit 113

4. Versuch über eine Grundlage für empirische Untersuchungen 119

a) Der „interessante“ Teil der Arbeitsangebotskurve 119

b) Weitere Möglichkeiten der Abgrenzung des Untersuchungsgebietes 122

Schlußwort 128

Literaturverzeichnis 131

Verzeichnis der Abkürzungen

AER	=	The American Economic Review
BFuP	=	Betriebswirtschaftliche Forschung und Praxis
Econ	=	Economica
EJ	=	Economic Journal
FA	=	Finanzarchiv
HdF	=	Handbuch der Finanzwissenschaft
HdS	=	Handwörterbuch der Sozialwissenschaften
JbfN	=	Jahrbücher für Nationalökonomie und Statistik
JPE	=	The Journal of Political Economy
NF	=	Neue Folge
NS	=	New Series
NTJ	=	National Tax Journal
PF	=	Public Finance
QJ	=	Quarterly Journal of Economics
RESt	=	Review of Economic Studies
REStat	=	Review of Economics and Statistics
WdV	=	Wörterbuch der Volkswirtschaft
WWA	=	Weltwirtschaftliches Archiv
ZfB	=	Zeitschrift für Betriebswirtschaft
ZfbF	=	Zeitschrift für betriebswirtschaftliche Forschung
ZfhwF	=	Zeitschrift für handelswissenschaftliche Forschung
ZfN	=	Zeitschrift für Nationalökonomie
ZgSt	=	Zeitschrift für die gesamte Staatswissenschaft

Einleitung

I. Über die Bedeutung und Notwendigkeit der Erforschung der Steuerwirkungen

Die Frage nach der Bedeutung und Notwendigkeit der Erforschung der Steuerwirkungen ist mit der Klärung einer weiteren Frage zunächst allgemein beantwortet: Welches ist das Wirkungsfeld der Besteuerung? Dieses Wirkungsfeld erstreckt sich auf die Produktionswirtschaft, die Wirtschaft der Privathaushalte und die Wirtschaft des öffentlichen Haushaltes[1]. Demnach kann man behaupten, daß wir uns, sobald wir wirtschaftend tätig werden, im Wirkungsfeld der Besteuerung befinden. (Mit Ausnahme aller gegebenen Möglichkeiten contra legem.)

Wer befaßt sich im wissenschaftlichen Bereich mit diesen Problemen? Unwillkürlich assoziieren wir mit dem dreifachen Wirkungsfeld der Besteuerung drei Teildisziplinen der Wirtschaftswissenschaften, nämlich die Betriebswirtschaftslehre, die Volkswirtschaftslehre und die Finanzwissenschaft.

Besondere Beachtung fanden die Steuerwirkungen auf die Produktionswirtschaft, was zur Entwicklung der betriebswirtschaftlichen Steuerlehre führte[2].

Die Untersuchung der Steuerwirkungen auf die privaten Haushalte wird traditionsgemäß zu den Aufgaben der Volkswirtschaftslehre gezählt. Hiervon gibt es allerdings Ausnahmen[3]; insbesondere die Konzeption der betriebswirtschaftlichen Steuerlehre *Pohmers* „als betriebs-

---

[1] Vgl. dazu *Lang*, A.: Die legale Steuerausweichung, Winterthur 1954. Er stellt für den speziellen Fall der Steuerausweichung ähnliches fest (S. 3).

[2] *Findeisen*, F.: Unternehmung und Steuer (Steuerbetriebslehre), Stuttgart 1923. — Über die wissenschaftssystematische Einordnung der betriebswirtschaftlichen Steuerlehre in die Betriebswirtschaftslehre finden sich in der Literatur recht unterschiedliche Ansichten. Vgl. dazu die übersichtliche Darstellung und die neuen Argumente von *Rückle*, D.: Gibt es einen Steuerbetrieb? Zur Diskussion um die Selbständigkeit der betriebswirtschaftlichen Steuerlehre, in: BFuP, 19. Jg. (1967), S. 36—48.

[3] *Hasenack*, W.: Entwicklungsprobleme und Fragestellungen der betriebswirtschaftlichen Steuerlehre (steuerlichen Betriebswirtschaftslehre), in: BFuP, 5. Jg. (1953), S. 266—292. Er spricht dem Haushalt den Betriebscharakter ab, fordert aber seine Mitbehandlung in der betriebswirtschaftlichen Steuerlehre (S. 26 ff.). — *Pohmer*, D.: Grundlagen der betriebswirtschaftlichen Steuerlehre, Berlin 1958.

wirtschaftliche Lehre von den finanzwirtschaftlichen Beziehungen und deren Rückwirkungen auf die marktwirtschaftlichen Beziehungen"[4]. Zwei Gründe sind für die Entwicklung dieser Lehre von den finanzwirtschaftlichen Beziehungen maßgebend: Der weitgefaßte Betriebsbegriff der Kosiol-Schule[5] und die Ansicht, daß Betriebs- und Volkswirtschaftslehre Teile einer einheitlichen Wirtschaftswissenschaft seien (einheitliches Erkenntnisobjekt). Nach *Wöhe* „ist Pohmers betriebswirtschaftliche Steuerlehre, für die er selbst die Bezeichnung ‚Betriebswirtschaftliche Finanzwirtschaftslehre' (Pohmer, D.: Grundlagen, a.a.O., S. 51, Anm. d. Verf.) für treffender hält, keine Teildisziplin der Betriebswirtschaftslehre, sondern eine Zusammenfassung von Erkenntnissen verschiedener wissenschaftlicher Disziplinen unter einem Obergesichtspunkt"[6]. Interessant ist Wöhes abschließendes Urteil: „Eine solche Lehre von den finanzwirtschaftlichen Beziehungen, die sämtliche Steuerwirkungen sowohl auf den Betrieb, als auch auf den Haushalt, als auch auf die Gesamtwirtschaft systematisiert, indem sie Erkenntnisse der Betriebswirtschaftslehre, der Finanzwissenschaft und der Volkswirtschaftslehre zusammenfaßt, wäre in der Tat eine brauchbare und zweckmäßige Lösung. Sie würde ermöglichen, daß jede Wissenschaft die Probleme, die logisch zu ihrem Objekt gehören, in ihrem Bereich untersucht, ohne daß ein Anlaß zur Bildung selbständiger Teildisziplinen besteht, und daß demnach alle Ergebnisse unter einem einheitlichen Gesichtspunkt systematisiert werden können. Eine solche Lehre ist aber keine betriebswirtschaftliche Steuerlehre mehr, weil ihre Probleme nur noch zum Teil zum Objekt der Betriebswirtschaftslehre gehören[6]."

Die Steuerwirkungen auf den öffentlichen Haushalt sind Untersuchungsgegenstand der Finanzwissenschaft, deren traditionelle Umschreibung als Lehre von der Wirtschaft der öffentlichen Körperschaften (vor allem des Staates) der heutigen Problemstellung nicht mehr gerecht wird. Die öffentlichen Finanzen sind heute nur mehr ein Teil — und nicht der wesentlichste — der Forschungsobjekte der Finanzwissenschaft. Viel mehr „interessieren die Prinzipien der öffentlichen Wirtschaft (und nicht der öffentlichen Finanzen) und deren

---

[4] *Pohmer,* D.: Grundlagen, a.a.O., S. 51.

[5] „Die besondere Eigenart der betriebswirtschaftlichen Betrachtungsweise liegt darin, daß sie von dem Tatbestand ausgeht, daß sich alles Wirtschaften durch Betriebe und in Betrieben vollzieht. Die Wirtschaft als Ganzes ist in wirtschaftende Organisationseinheiten gegliedert. Die Betriebe, ob Haushalte oder Unternehmungen, sind die Wirkungszentren und Formungselemente der Wirtschaft." — Das ist die Auffassung Kosiols, vorgetragen in Vorlesungen und Seminaren. Zitiert nach *Pohmer,* D.: Grundlagen, a.a.O., S. 36, Fußnote 27.

[6] *Wöhe,* G.: Betriebswirtschaftliche Steuerlehre, Bd. 1, Berlin und Frankfurt a. M. 1962, S. 43.

intensivierte Wechselbeziehungen zur Gesamtwirtschaft ...“[7]. Die Idee einer autonomen Finanzwissenschaft ist heute zumindest im Bereich der Wissenschaft kaum mehr anzutreffen[8]. Als gutes Beispiel dafür, wie vorteilhaft das Abgehen von der Isolierung einzelner Teildisziplinen der Wirtschaftswissenschaften ist, können die Probleme der Besteuerung und deren Wirkungen angeführt werden: „... die Besteuerung (ist) ‚entprovinzialisiert‘ worden. Sie gehört ebensowohl in das weite Reich der Sozialwissenschaft wie in die engere Provinz der Finanzwissenschaft[9].“ Die Betriebswirtschaftslehre, im besonderen die betriebswirtschaftliche Steuerlehre, die Volkswirtschaftslehre und die Finanzwissenschaft ruhen auf der gemeinsamen Grundlage der Wirtschaftstheorie[10]; die Abgrenzung der Teildisziplinen mag in Hinblick auf das Prinzip der Arbeitsteilung gerechtfertigt und vorteilhaft sein[11]. Die Forderung nach theoretischer und empirischer Erforschung der Steuerwirkungen kann gerade heute nicht mehr überhört werden. Der Steuerdruck steigt stetig und einmal als unüberschreitbar angesehene maximale Belastungsgrenzen werden von der Realität immer wieder überholt. Scheinbar realistischere Barrieren werden errichtet; doch auch sie werden nach einiger Zeit vom Gesetz der wachsenden Staatstätigkeit und den steigenden öffentlichen Ausgaben überrollt[12].

Die Jahrhundertwende war für die Steuerwirkungslehre ein erster Höhepunkt. Allgemeine Konzeptionen und methodologische Fragen[13] sowie einige Detailuntersuchungen[14] belegen das steigende Interesse

---

[7] *Recktenwald,* H. C.: Die Finanzwissenschaft unserer Zeit, in: Gegenwartsfragen aus Wirtschaft und Gesellschaft, Bd. 4, Stuttgart-Berlin-Köln-Mainz 1965, S. 10.

[8] *Tautscher,* A.: Die Öffentliche Wirtschaft, Berlin 1953, S. 8.

[9] *Mann,* F. K.: Finanztheorie und Finanzsoziologie, Göttingen 1959, S. 62. Hervorhebung des Autors.

[10] *Schneider,* E.: Das Gesicht der Wirtschaftstheorie unserer Zeit und das Studium der Wirtschaftswissenschaften, Tübingen 1947, S. 13.

[11] Damit erübrigt sich die Beantwortung der (zynischen) Frage, ob Betriebswirtschaftslehre, Volkswirtschaftslehre, Finanzwissenschaft sei, was Inhaber von betriebswirtschaftlichen, volkswirtschaftlichen, finanzwissenschaftlichen Lehrstühlen schreiben.

[12] *Kausel,* A., *Schwab,* W., *Taus,* J.: Untersuchungen über Zentralprobleme der österreichischen Bundesfinanzen, Bd. 7 der Dr. Stigleitner-Schriftenreihe (Hrgb. Österreichisches Forschungsinstitut für Sparkassenwesen), Wien 1966, S. 33. — Das „Gesetz der wachsenden Staatstätigkeit und Staatsausgaben“ wurde von Adolph Wagner festgestellt.

[13] *Edgeworth,* F. Y.: The Pure Theory of Taxation, 1897; *Barone,* E.: About Some Fundamental Theorems on the Mathematical Theory of Taxation, 1899; beide wiederabgedruckt in: Readings in the Economics of Taxation, hrsg. von Musgrave, R. A. und Shoup, C. S., Homewood, Illinois 1959. — *Seligman,* E. R. A.: Die Lehre von der Steuerüberwälzung, Jena 1927. (Übersetzung aus dem Englischen nach der 5. durchgesehenen Auflage.)

[14] *Schanz,* G.: Zu der Überwälzung der indirekten Steuern auf Grund des bayrischen Malzaufschlages, in: Schmollers Jahrbuch, 6. Jg. (1882), S. 563 ff. — *Laspeyres,* E.: Statistische Untersuchungen zur Frage der Steuerüberwälzung, geführt an der Geschichte der preußischen Mahl- und Schlachtsteuer, in: FA,

der Nationalökonomen an den Auswirkungen der Besteuerung, die immer „merklicher" wurde[15].

Die wichtige Rolle, die die Steuern heute in den Dispositionen der Unternehmer und Privathaushalte spielen, macht es zu einer vordringlichen Aufgabe der Wirtschaftstheorie, ein verbessertes Instrumentarium für die Erforschung der Steuerwirkungen zu schaffen. Unerläßlich erscheint daneben die Intensivierung der empirischen Forschung[16], die die Ergebnisse der ökonomischen Verhaltensforschung[17] berücksichtigt. An eine ökonomische Theorie im allgemeinen, also auch für eine ökonomische Theorie der Steuerwirkungen, stellt *E. Schneider* folgende Forderung: „Nur eine numerische Theorie, d. h. eine Theorie, der es gelingt, mit Hilfe ihrer Theoreme numerische Aussagen über Zusammenhänge zwischen ökonomischen Variablen zu machen, kann als eine leistungsfähige Theorie angesprochen werden[18]." E. Schneider wird noch konkreter und erklärt: „Die ökonometrische Forschung, d. h. die auf numerische Theorie, auf eine Synthese von Theorie und Beobachtung abzielende Forschung beherrscht heute in der Fachwelt außerhalb der deutsch-sprechenden Länder das Feld und gewinnt für die Lösung der konkreten Fragen der Wirtschaftspolitik immer größere Bedeutung. Zugleich wächst dort eine Generation von Ökonomen heran, die das Werkzeug der modernen ökonomischen Theorie mit ihren mathematischen Hilfsmitteln ebenso virtuos beherrschen wie die Instrumente und Arbeitsmethoden der Statistik und damit das notwendige Rüstzeug zu ökonometrischer Forschung zu handhaben verstehen ...[18]."

Jg. 18, Bd. 1 (1901), S. 46 ff. — *Wicksell*, K.: Taxation in the Monopoly Case, in: Finanztheoretische Untersuchungen nebst Darstellung und Kritik des Steuerwesens Schwedens, Jena 1896. — *Robertson*, D. H.: The Colwyn Committee, the Income Tax and the Price Level, in: EJ, Bd. 37 (1927), S. 566—581.

[15] Noch zu Anfang dieses Jahrhunderts wurde selbst eine quotative Einkommensteuer im englischen Parlament als „organized robbery" bezeichnet. Siehe *Kerschagl*, R.: Einführung in die Finanzwissenschaft, Wien-Stuttgart 1963, S. 7.

[16] *Seligman*, E. R. A.: Die Lehre, a.a.O., sagt im Vorwort (Seite XVI): „Bei einer Neuabfassung des Werkes würde ich versuchen (umgestellt), die vorliegenden Darlegungen durch eine eingehende induktive Untersuchung der tatsächlichen Auswirkungen der Besteuerung zu ergänzen. Aber ich weiß nur zu gut, wie schwierig eine solche Aufgabe sein würde. Ihre Lösung ist für den einzelnen fast unmöglich und sie sollte von einer großen privaten oder öffentlichen Arbeitsgemeinschaft unternommen werden. Bis eine solche Lösung vorliegt, wird es stets ein wenig zufriedenstellendes Bemühen bleiben, bezüglich der tatsächlichen Steuerträger zu unbedingt zuverlässigen Folgerungen zu gelangen."

[17] *Schmölders*, G.: Ökonomische Verhaltensforschung, in: Ordo, Bd. 5 (1953), S. 203—244; *Schmölders*, G.: Zehn Jahre sozialökonomische Verhaltensforschung in Köln, in: Ordo, Bd. 14 (1963), S. 259—273; *Krelle*, W.: Theorie wirtschaftlicher Verhaltensweisen, Meisenheim/Glan 1959.

[18] E. *Schneider* in einem Vorwort zu Tinbergen, J.: Einführung in die Ökonometrie, Wien-Stuttgart 1952. Ebenda ein Zitat Schumpeters: „Das wirklich

Um die Notwendigkeit der Erforschung der Steuerwirkungen noch zu unterstreichen, sei kurz auf den Zusammenhang zwischen Wirtschaftswachstum und Besteuerung hingewiesen.

Die konkrete Frage heißt: Wie wirkt sich die Besteuerung auf diejenigen Faktoren aus, von denen eine nachhaltige Zunahme des Wirtschaftswachstums abhängt? Über die Determinanten des Wirtschaftswachstums besteht in der Literatur im allgemeinen Übereinstimmung. Es sind dies[19]: Die vorhandenen natürlichen Hilfsquellen, die menschliche Arbeitsleistung (Quantität und Qualität der Bevölkerung), der Kapitalvorrat und der technische Fortschritt. Zwischen den vorhandenen natürlichen Hilfsquellen und der Besteuerung besteht offenbar keine Beziehung. Dagegen lassen sich mehr oder weniger starke quantitative und qualitative Wirkungen der Besteuerung auf die menschliche Arbeitsleistung (vgl. die Problemstellung der vorliegenden Arbeit), auf die Kapitalbildung (Investitionsneigung und Risikobereitschaft der Unternehmungen sowie private Kapitalbildung) und auf den technischen Fortschritt feststellen. Die vorliegende Arbeit hat die Erforschung der Steuerwirkungen auf die menschliche Arbeitsleistung zum Thema. Das politisch-journalistische Schlagwort von der leistungshemmenden Wirkung der progressiven Einkommensteuer bzw. der Besteuerung im allgemeinen war vielleicht der ursprüngliche Anlaß für die Beschäftigung mit diesem Spezialproblem der Steuerwirkungslehre[20].

II. Die Problemstellung der vorliegenden Untersuchung

Die vorliegende Arbeit stellt sich zur Aufgabe, die Wirkung der Besteuerung auf das Arbeitsangebot in einem theoretischen Modell zu erfassen, das der Komplexität dieses Problems soweit Rechnung trägt, daß es als Grundlage für empirische Untersuchungen herangezogen werden kann.

---

anzustrebende Ziel ist nicht quantitative Theorie — jede ökonomische Theorie ist ihrer Natur nach immer quantitativ —, sondern numerische Theorie."

[19] Vgl. etwa *Samuelson*, P. A.: Volkswirtschaftslehre. Eine Einführung, Bd. 2, Köln 1964 (Aus dem Amerikanischen übertragen und eingeleitet von Dr. Wilhelm Hankel), S. 444.

[20] Vgl. etwa auch die einleitenden Worte Breaks zu seiner empirischen Untersuchung: „The question of how incentives to work are affected by high and steeply progressive income taxes has long been approached with caution by tax economists, whose answers have been full of tantalizing ambiguities. It has encountered no such reticence, however, on the part of the great bulk of financial experts and journalists who with ready clarity on the point have had no difficulty convincing the public of the truth of the axiom that high taxes inevitably mean a reduction in the aggregate labor supply." *Break*, G. F.: Income Taxes and Incentives to Work: An Empirical Study, in: AER, Bd. 47 (1957), S. 529—549, hier S. 529.

Der Begriff Arbeitsangebot kann zunächst quantitativ verstanden werden, und zwar als Umfang des individuellen Arbeitsangebotes, als Arbeitsangebot einer Gruppe (soziale, Berufs- und Einkommensgruppen) oder als Arbeitsangebot einer ganzen Gesellschaft bzw. Volkswirtschaft[21]. Das qualitative Arbeitsangebot besteht in der unterschiedlichen Arbeitsintensität und Berufsausbildung. Als Anbieter von Arbeit kommen in Frage: selbständige Unternehmer, selbständig freiberuflich Tätige und Arbeitnehmer.

Ausgangspunkt der Überlegungen ist, daß das Arbeitsangebot als Allokationsproblem aufgefaßt werden kann. Um die oben definierten Gedankeninhalte von Arbeitsangebot in einen weiteren Zusammenhang zu stellen, wird ein Modell der Allokation der Zeit zwischen arbeits- und konsumorientierten Aktivitäten entwickelt. Eine zentrale Rolle spielt dabei die Entwicklung eines Totaleinkommenskonzeptes. Mit dieser „Aktivitätsanalyse" wird von der sehr vereinfachten Problemstellung einer *work-leisure-choice* abgegangenen, die bisher in der Literatur vorherrschte.

Nach der Darstellung der neuen Konzeption wird diese auf das spezielle Steuerwirkungsproblem angewandt. Es wird untersucht, wie die Änderung des Arbeitseinkommens, sonstigen Geldeinkommens und der Güterpreise durch die Besteuerung (damit ist auch angedeutet, welche Steuern hauptsächlich in Frage kommen) auf die Allokation der Zeit zwischen arbeits- und konsumorientierten Aktivitäten wirkt. Auch die Frage, welchen Einfluß die gegebene Besteuerung auf eine Reallokation der Zeit zwischen arbeits- und konsumorientierten Aktivitäten hat, wird diskutiert.

Arbeitseinkommen, sonstiges Geldeinkommen und Güterpreise werden als ökonomische Haupteinflußgrößen auf die Allokation der Zeit angesehen. Daneben werden aber noch wichtige metaökonomische Einflußgrößen wirksam. Einmal ist die Allokation der Zeit zwischen arbeits- und konsumorientierten Aktivitäten nicht nur nach dem Verhalten aus dem Ertragsmotiv (ökonomische Nutzenerwägungen) heraus zu beurteilen; man darf die Tatsache nicht ignorieren, daß das Einkommen einem Individuum mehr als die Verfügungsgewalt über wirtschaftliche Güter- und Dienstleistungen geben kann, nämlich Sozialprestige. Es ist also neben dem Ertragsmotiv auch das Rangmotiv in

---

[21] Die Tatsache, daß es in einer Volkswirtschaft nicht nur Arbeiter gibt, sondern auch solche Mitglieder (wie Kinder, viele Frauen und alte Leute), die keine Arbeit zur Einkommenserzielung anbieten und von den Transfers aus den Einkommen der Arbeitenden abhängig sind, wird insbesondere von Winston hervorgehoben und berücksichtigt. Vgl. *Winston*, G.: Income and the Aggregate Allocation of Effort, in: AER, Papers and Proceedings, 1965, S. 375 bis 385.

die Betrachtung einzubeziehen. Als zweites muß die Annahme fallengelassen werden, daß eine Änderung des Totaleinkommens infolge einer Steueränderung bei den Steuerpflichtigen die gleichen Reaktionen auslöst wie eine Änderung gleichen Ausmaßes, die durch Markteinflüsse verursacht wird. Besonders als unbillig empfundene Steuern können einen Grolleffekt hervorrufen.

Vom theoretischen Lösungsversuch soll schließlich der Brückenschlag zu empirischen Untersuchungen gemacht werden. Die Bemühungen gehen vor allem dahin, geeignete Kriterien für die Abgrenzung von Untersuchungsgebieten für empirische Studien zu finden.

Die Kompliziertheit und schwere Überschaubarkeit des Zusammenhanges zwischen Besteuerung und Arbeitsangebot hat sehr oft zu nicht vertretbaren Vereinfachungen verleitet, um nur ja zu konkreten Ergebnissen zu kommen. Die „Ergebnislosigkeit" der modernen Betrachtungsweise ist der Nachteil gegenüber der klassischen Methode[22]; das soll uns aber nicht entmutigen, denn „Denken (ist), ob man will oder nicht, immer Übertreibung. Wer lieber nicht übertreibt, muß schweigen, mehr noch, er muß seinen Verstand abstellen und schauen, wie er Stumpfsinn lernt[23]."

III. Einige Erläuterungen zum Aufbau der Arbeit

Vor der Befassung mit dem eigentlichen Thema wird eine Übersicht über die Steuerwirkungslehre gegeben, womit auch eine Abgrenzung der speziellen Problemstellung erfolgt. Die dargestellte Systematik der Steuerwirkungen ist das Ergebnis eines eingehenden Studiums der Literatur. Auf eine Kritik und Verbesserungsvorschläge wurde größtenteils verzichtet, da dies über die gestellte Aufgabe hinausginge. Es ist auch zu erwähnen, daß jene Wirkungen, die von der Verausgabung der Steuern durch den Staat ausgehen, mit Ausnahme gelegentlicher Bemerkungen, aus der Betrachtung ausgeklammert sind, um dadurch den bedeutenderen — jedenfalls für eine Erforschung leichter zugänglichen — Teil dieses Problems besser in den Griff zu bekommen. Hierzu ist noch festzuhalten, daß unser wirtschaftstheoretisches Instrumentarium, die bekannten statistischen Methoden und die bereits durchgeführten empirischen Untersuchungen bestenfalls eine Aussage über die Tendenz solcher Wirkungen erlauben.

Im Hauptteil werden zunächst die bisherigen Lösungsversuche über die Wirkung der Besteuerung auf das Arbeitsangebot behandelt. Als

---

[22] Vgl. *Albers*, W.: Preisliche Wirkungen der Besteuerung, in: FA, NF, Bd. 16 (1955/56), S. 227—257, hier S. 255.

[23] *Ortega y Gasset*, J.: Der Aufstand der Massen, München 1960, S. 98.

theoretischer Ansatz findet sich in der Literatur die Darstellung als Gleichgewichtsproblem, das sogenannte work-leisure-Problem. Empirische Untersuchungen liegen nur in geringer Zahl und über meist sehr eingeschränkte Untersuchungsgebiete vor. Besonders ausführlich werden die Arbeiten von Sanders[24] und Break[24] wiedergegeben. Im Falle Sanders geschah dies vor allem deswegen, weil sein Buch nur schwer zugänglich ist[25]. Die ausführliche Darstellung der Studie Breaks, insbesondere der Auswahl der Stichprobe und der Befragungsmethode, scheint ebenfalls gerechtfertigt, da diese geradezu als Musterbeispiel für derartige Untersuchungen dienen kann. Eine Besonderheit stellt die Einbeziehung des Zusammenhanges zwischen Besteuerung und Berufswahl dar. Daß dieses Problem ebenfalls unter dem Titel „Die Wirkung der Besteuerung auf das Arbeitsangebot" zur Diskussion steht, ist mit dem Hinweis auf die Berücksichtigung auch des qualitativen Arbeitsangebotes (Berufsausbildung) gerechtfertigt.

Nach einer kritischen Würdigung der bisherigen Lösungsversuche erfolgt die Darstellung des eigenen Lösungsversuches. Zunächst wird als allgemeine Prämisse für die Untersuchung die ökonomische Situation der Wohlstandsgesellschaft gesetzt und dies begründet. Anschließend wird eine Theorie der Allokation der Zeit unter Rücksichtnahme auf deren Anwendbarkeit zur Lösung des speziellen Steuerwirkungsproblems entwickelt.

Inwieweit dieses ökonomische Modell der strengen Forderung E. Schneiders nach einer numerischen Theorie entspricht, sei der Beurteilung des kritischen Lesers überlassen. Das angestrebte Ideal eines ökonomischen Modells, durch das alle ökonomischen Erscheinungen restlos erklärt werden könnten, ist nicht zu erreichen. Selbst durch den Einsatz moderner Rechenanlagen lassen sich nicht alle jeweils relevanten ökonomischen Variablen und Daten erfassen.

Wie ist nun der Zusammenhang zwischen einem ökonomischen und einem ökonometrischen Modell? „Während das ökonomische Modell, im umfassendsten und allgemeinsten Sinne interpretiert, den hypothetischen, gedanklich formalen bzw. theoretischen Rahmen darstellt, versucht die Ökonometrie den Schritt der Annäherung des Modells an die ‚Wirklichkeit', seine Konfrontierung mit der ‚erfaßbaren Realität' zu vollziehen[26]."

---

24 *Sanders*, T. H.: The Effects of Taxation on Executives, Boston 1951; *Break*, G. F.: Income Taxes, a.a.O.

25 Der Verfasser hat dieses Buch anläßlich der Teilnahme an einem Seminar des Salzburg Seminar in American Studies in der dortigen Bibliothek vorgefunden. Für die freundliche Überlassung zum eingehenden Studium sei hiermit gedankt.

26 *Pichler*, H. J.: Modellanalyse und Modellkritik, Berlin 1967, S. 47. — Eine interessante Darstellung über die Definitionsversuche von „econometrics"

Aus dieser Formulierung wird ersichtlich, daß ein ökonometrisches Modell aus einem ökonomischen Modell hervorgeht, indem es den stochastischen Charakter wirtschaftlicher Zusammenhänge (das ist die Wirklichkeit!) berücksichtigt. Im Kapitel über den Versuch einer Grundlage für empirische Untersuchungen wird diese wirtschaftliche Wirklichkeit berücksichtigt, es wird aber aus dem ökonomischen Modell der Allokation der Zeit zwischen arbeits- und konsumorientierten Aktivitäten unter besonderer Berücksichtigung der von der Besteuerung ausgehenden Wirkungen kein ökonometrisches Modell entwickelt. Es ist die wichtigste Selbstkritik, daß die Lösung dieser Frage offenbleibt.

---

stammt von *Tintner*, G.: The Definition of Econometrics, in: Econometrica, Bd. 21 (1953). Tintner stellt drei Ansichten über Ökonometrie fest. Eine erste Gruppe betont die Bedeutung der Meßbarkeit (z. B. Sloan, H.: „Econometrics", A Dictionary of Economics, New York 1949, S. 88: „Econometrics: Economic measurement for the purpose of testing and developing economic theory".); die zweite Gruppe von Wissenschaftern legt Gewicht auf den statistischen Aspekt (z. B. *Leontief*, W.: „Econometrics", A Survey of Contemporary Economics, Philadelphia 1948, S. 392: „The function of statistical analysis in application to econometric research is that of an intermediary between a general theoretical hypothesis and the directly observable facts."); die dritte Ansicht „stresses the relevance of economics, mathematics, and statistics" (z. B. *Frisch*, R.: „Editorial", in: Econometrica, Bd. 1 (1933), S. 1—4, hier S. 2: „But there are several aspects of the quantitative approach to economics and no single one of this aspects, taken by itself, should be confounded with econometrics. Thus, econometrics is by no means the same as economic statistics. Nor is it identical with what we call general economic theory, although a considerable portion of this theory has a definitely quantitative character. Nor should econometrics be taken as synonimous with the application of mathematics to economics. Experience has shown that each of these three viewpoints, that of statistics, economic theory, and mathematics, is a necessary, but not by itself sufficient, condition for a real understanding of the quantitative relations in modern economic life. It is the *unification* of all three that is powerful. And it is this unification that constitutes econometrics."

Erster Teil

Die Systematik der Steuerwirkungen und die Einordnung des hier zu untersuchenden Problems

I. Begriffe und Einteilungskriterien

Ein Großteil der Meinungsverschiedenheiten über Probleme der Steuerwirkungslehre hatten und haben noch immer ihren Grund in den in der Literatur uneinheitlich verwendeten Begriffen. Im Anschluß daran ist eine Konfusion bei der Klassifizierung der Steuerwirkungen und den anzuwendenden Untersuchungsmethoden nicht verwunderlich.

Auf eine weit ausholende begriffskritische und methodologische Abhandlung soll hier verzichtet werden. Einerseits gibt die Literatur Zeugnis von den Gefahren[1] eines solchen Unterfangens — was nicht heißen soll und kann, daß man ein für alle Mal diesen Problemen aus dem Wege gehen soll —, andererseits ist dies für unseren Lösungsversuch über die Wirkung der Besteuerung auf das Arbeitsangebot nicht erforderlich. Die allenfalls notwendigen Erklärungen begrifflicher und methodologischer Natur zur speziellen Fragestellung erfolgen an Ort und Stelle.

Beginnt man das Studium der Literatur nach Einteilungskriterien für eine Systematik der Steuerwirkungen, so wird man die ersten Erkundigungen aus einer Theorie der Steuerwirkungen einholen wollen. Die Feststellung, daß es eine solche nicht gibt, ist ein erstes Anzeichen für die „Unterentwicklung" dieses Forschungsgebietes.

Man stößt schließlich in allgemeinen Steuerlehren, Abhandlungen über spezielle Steuerwirkungen, Gesamtdarstellungen der Finanzwissenschaft und Staatswirtschaftslehren auf die ersten Hinweise.

Das generellste Einteilungskriterium für die Steuerwirkungen liefern uns die Einnahmen- und Ausgabenseite des Staatsbudgets. Einerseits gehen Wirkungen von jenen Stellen aus, an denen die Steuern eingehoben werden, die Steuerwirkungen im engeren Sinne, andererseits verursacht der Staat durch seine Ausgabenpolitik die sogenannten

---

[1] Vgl. dazu *Schmölders*, G.: Allgemeine Steuerlehre, Berlin 1965, S. 118, der von einem methodologischen „Irrgarten" spricht (Hervorhebung von Schmölders).

Ausgabewirkungen. Die Erforschung der Zusammenhänge dieser beiden Wirkungsrichtungen der Steuern ist wohl eines der schwierigsten Themen der Wirtschaftswissenschaften. Ihre große Bedeutung für die Wirtschaftspolitik hat vor allem seit den 50er Jahren die Wissenschaft zu besonderen Anstrengungen veranlaßt. Diese Bemühungen haben entscheidende Impulse von der Makroökonomie, insbesondere von der kreislauftheoretischen Untersuchungsmethode, erfahren[2].

Die Betrachtung des Gesamtzusammenhanges erlaubt es allerdings nicht, die Steuerwirkungen bis in die letzten Verzweigungen des Wirtschaftsprozesses zu verfolgen[3]. Für eine genaue Erforschung der Steuerwirkungen ergibt sich demnach die Notwendigkeit der Beschränkung der Untersuchung auf eine Wirkungsrichtung der Steuern. Zweifellos sind die Steuerwirkungen im engeren Sinne[4] das ergiebigere Untersuchungsfeld. Welche Einteilungskriterien für die Steuerwirkungen bieten sich an?

Da die Steuer immer einen Menschen trifft, ergibt sich dessen Verhalten bzw. dessen Reaktionen gegenüber den Steuern als Ausgangspunkt der Überlegung. Jede Besteuerung entzieht Geldmittel. Dieser Eingriff in das wirtschaftliche Handeln des einzelnen löst bei diesem rationale und irrationale Reaktionen[5] aus, die zu einer Änderung des

---

[2] Aus der deutschen Literatur ist in diesem Zusammenhang vor allem der Aufsatz von *Föhl*, C.: Kritik der progressiven Einkommensbesteuerung, in: FA, NF, Bd. 14 (1953/54), S. 88—109, zu nennen. Vgl. auch die an diesen „provozierenden" (Krelle) Aufsatz anschließende Diskussion: *Krelle*, W.: Zur Wirkung der progressiven Einkommensbesteuerung, in: FA, NF, Bd. 16 (1955/56), S. 22—30; *Häuser*, K. und *Richter*, R.: Zum Problem der Einkommensteuerüberwälzung, in: FA, NF, Bd. 16 (1955/56), S. 258—273. — Stellvertretend für die Anstrengungen der angelsächsischen Wirtschaftswissenschaftler sei hier angeführt: *Musgrave*, R. A.: The Theory of Public Finance. A Study in Public Economy, New York-Toronto-London 1959. Deutsch: Finanztheorie, Tübingen 1966.

[3] *Schmölders*, G.: Allgemeine Steuerlehre, a.a.O., S. 117.

[4] Das Gegenstück zu Ausgabewirkungen als Einhebungs- oder Erhebungswirkungen zu bezeichnen (so etwa *Lang*, A.: Die legale Steuerausweichung, a.a.O.) ist insofern unglücklich, als man dabei in der Regel an ganz bestimmte, von der Art und dem Ansatzpunkt der Erhebung ausgehende Wirkungen der Besteuerung denkt. In der Folge steht der Begriff Steuerwirkungen — auf das „im engeren Sinne" kann verzichtet werden — dem Begriff der Ausgabewirkungen gegenüber. Vgl. zur Verwendung des Begriffes Steuerwirkung *Mering*, O.: Zur Methode der Lehre von den Steuerwirkungen, in: FA, 46. Jg. (1929), S. 34: „Denn, wenn man von Wirkungen der Besteuerung spricht, hat man nach dem Sprachgebrauch, der in diesem Fall wohl auch wissenschaftlicher Sprachgebrauch ist, Wirkungen der Herausziehung von Gütern aus den Einzelwirtschaften zu verstehen, nicht aber Wirkungen, die von der Verwendung dieser Güter seitens des Staates ausgehen."

[5] Welche sind rationale und welche irrationale Reaktionen? Oder anders: Was ist rationales und was irrationales Verhalten? Die Haltbarkeit ökonomischer Theorien, die auf rationalem Verhalten der Wirtschaftenden aufbauten, wurde des öfteren angezweifelt angesichts häufigen irrationalen Verhaltens in der wirtschaftlichen Wirklichkeit. Die Mehrheit der Wirtschaftswissenschafter dürfte aber heute beim Begriff rationales Verhalten nicht an den

ökonomischen Verhaltens führen. Die irrationalen Reaktionen dürften ihren Ursprung in jenem Tatbestand haben, den *Gerloff* als passiven Steuerwiderstand bezeichnet und folgendermaßen beschreibt: „Unter *passivem Steuerwiderstand* verstehe ich die der Verwirklichung der Besteuerung sich entgegenstellenden, sozusagen natürlichen, d. h. in der Struktur der Wirtschaft, dem intellektuellen und moralischen Zustand der Bevölkerung, dem Stand der Technik und dergleichen gegebenen Hemmungen[6]."

Ohne auf mögliche Formen irrationaler Reaktionen einzugehen — sie wären in einer Systematik der Steuerwirkungen kaum unterzubringen —, soll gleich auf ein wichtiges Moment hinsichtlich der rationalen Reaktionen hingewiesen werden. Nicht alle wirtschaftenden Menschen haben die gleichen Möglichkeiten, sich einer Steuer zu „erwehren". Der Freiheitsgrad[7] der besteuerten Subjekte für die Änderung ihrer Verhaltensweise, d. h. dem Zugriff der Besteuerung ausweichen zu können, ist unterschiedlich.

Daraus läßt sich ein gewisser Phasenablauf[8] der Steuerwirkungen mit fallendem Freiheitsgrad konstruieren. Am geeignetsten für die Darstellung ist die Annahme, daß es sich um die Einführung einer neuen Steuer handelt. Es wird versucht, den jeweiligen Sachverhalt sowohl unter wirtschaftlichem als auch unter rein fiskalischem Aspekt zu bezeichnen[9].

Schließlich soll in der tabellarischen Übersicht auch die Verhaltensänderung (ohne Unterscheidung von rationalen und irrationalen Reaktionen) aufgenommen werden, die zu Steuerabwehrprozessen bzw. zu Anpassungsprozessen an die Besteuerung führt. Diese Gruppierung und zeitliche Hintereinandersetzung der Steuerwirkungen ist für das theoretische Durchdenken von Vorteil. Tatsächlich sind alle Wirkungsgruppen miteinander mehr oder weniger verknüpft.

---

homo oeconomicus klassischer Prägung denken; es dürfte weitgehende Übereinstimmung darüber herrschen, daß Rationalverhalten einfach konsistente Maximierung — im allgemeinsten Fall — einer Nutzenfunktion bedeutet. — Vgl. in diesem Zusammenhang den Aufsatz von *Becker,* G. S.: Irrational Behavior and Economic Theory, in: JPE, Bd. 70 (1962), S. 1—13.

[6] *Gerloff,* W.: Die öffentliche Finanzwirtschaft, Bd. I, Allgemeiner Teil, Frankfurt a. Main 1948, S. 206. Zur Ergänzung: Unter aktivem Steuerwiderstand versteht Gerloff „die Tendenz des wirtschaftlichen Verkehrs ..., der Steuer auszuweichen, sowie alle an diese Tendenz sich anknüpfenden Vorgänge" (a.a.O., S. 207). Nicht einbezogen in diese Definition ist die Steuerüberwälzung, da diese eine vorherige Steuerübernahme voraussetzt (Hervorhebung von Gerloff). Vgl. dazu noch insbesondere *Holtgrewe,* K. G.: Der Steuerwiderstand. Das Verhalten des Steuerpflichtigen im Lichte der modernen Psychologie, in: Finanzwissenschaftliche Forschungsarbeiten, Heft 5, Berlin 1954.

[7] *Schmölders,* G.: Allgemeine Steuerlehre, a.a.O., S. 119.

[8] *Schmölders,* G.: Allgemeine Steuerlehre, a.a.O., S. 120.

[9] *Recktenwald,* H. C.: Steuerüberwälzungslehre. Theoretische und empirische Verteilung von Abgaben und Kosten, Berlin 1966, S. 35 ff.

Tabelle 1

Systematik der ökonomischen Steuerwirkungen

	ökonomisches Verhalten	Freiheitsgrad	Steuerwirkungen	
			ökonomischer Aspekt	fiskalischer Aspekt
Wahrnehmungsphase (Steueranstoß)	Abwehrprozeß	am größten	Substitutionswirkungen	Steuerausweichung
Zahlungsphase (Steuerzahlung)	Abwehrprozeß	vermindert	Preiswirkungen	Steuerüberwälzung
Inzidenzphase (Steuerinzidenz)	Anpassungsprozeß	am geringsten	Einkommenswirkungen	Steuerbelastung

II. Die ökonomischen Steuerwirkungen

1. Vorbemerkung

Bei der im vorigen Kapitel gegebenen Übersicht über die Steuerwirkungen wurde von der Einführung einer neuen Steuer ausgegangen. Dies ist aber nicht die einzige Form einer Steueränderung. Folgende Möglichkeiten werden in der Literatur nach unserer Kenntnis erwähnt:

1. Die Einführung einer neuen Steuer,
2. der Ersatz einer alten durch eine neue Steuer,
3. eine Steuererhöhung,
4. eine Steuersenkung,
5. die Änderung der Besteuerungsart.

Ob durch eine Steueränderung eine bestimmte Wirkung ausgelöst wird, hängt von zwei wichtigen Momenten ab, nämlich vom Steuerbewußtsein und dem Reaktionswillen des Besteuerten. Das Steuerbewußtsein ist bei den Betrieben immer höher (praktisch voll ausgeprägt) als bei den Haushalten. Beim Haushalt wird es doch häufig der Fall sein, daß er sich der Abgabenlast nicht bewußt wird, weil die Steueränderung minimal ist oder sein Informationsstand für das Erkennen einer solchen nicht ausreicht[10]. Schließlich ist theoretisch auch noch der Fall denkbar, daß sowohl die Betriebe als auch die Haushaltungen eine Steueränderung zu ihren Ungunsten aus staatspolitischen Erwägungen (im Kriegsfall, Katastrophenhilfe) als gerechtfertigt erachten[11].

Nicht gebührend behandelt wird nach unserer Kenntnis der Literatur die Möglichkeit, daß Steuerwirkungen auch von der gegebenen Besteuerung (also ohne Steueränderung) ausgehen können. Zwei Fälle sind hier zu erwähnen: 1. Durch die Verbesserung des Informationsstandes lebt das Steuerbewußtsein auf und damit auch der Reaktionswille. 2. Durch eine Einkommenserhöhung wird auch die Besteuerung immer fühlbarer oder man wird sich der Steuer überhaupt erst bewußt; beides führt zu einem mehr oder weniger stark ausgeprägten Reaktionswillen. Man könnte diese Art der Steuerwirkung als Progressionswirkung (für den Fall der progressiven Einkommensteuer) bezeichnen. Die zuletzt genannten Steuerwirkungen können sehr häufig bei Haushaltungen festgestellt werden; weniger hingegen bei Betrieben, weil bei diesen das Steuerbewußtsein von vornherein sehr ausgeprägt ist.

Nach der oben gegebenen Übersicht vorgehend, erfolgt nun in Grundzügen die Darstellung der Steuerwirkungen. Nicht zuletzt soll dadurch die Stellung der Hauptaufgabe der vorliegenden Arbeit innerhalb der Steuerwirkungslehre aufgezeigt und abgegrenzt werden.

2. Die Substitutionswirkungen

Die Substitutionswirkungen der Besteuerung treten nach unserer Darstellung der Steuerwirkungen als Phasenablauf in der Wahrnehmungsphase auf. Dem Bürger wird die Tatsache der Besteuerung bekanntgemacht (Steueranstoß). Er empfindet die Abgabe als störenden Eingriff; sein Reaktionswille erwacht und äußert sich in der Änderung seines wirtschaftlichen Verhaltens. Er wird versuchen, der Steuer aus-

---

10 *Schmölders*, G.: „Unmerkliche" Steuern, in: FA, NF, Bd. 20 (1959/60), S. 23—34, hier S. 24.

11 Recktenwald meint: „... treten neben die Gewinnmaximierung noch andere Ziele, dann fehlt es an dem notwendigen Willen zur Abwehr ...". Dem kann nicht zugestimmt werden. Wenn z. B. die Erhöhung einer Umsatzsteuer nicht überwälzt wird, weil man sein großes Absatzgebiet halten will (Prestige! Und: Das große Absatzgebiet wirbt für sich), so ist die Zielfunktion des Unternehmers nicht Gewinnmaximierung (auf lange Sicht vielleicht doch!). Das heißt aber nicht, daß er ein für alle Mal auf die Möglichkeit der Abwehr der Steuer verzichtet. Die Erhaltung des großen Absatzmarktes (oder sogar dessen Erweiterung, wenn andere Marktteilnehmer nicht mehr mithalten können) ist sehr häufig der Ausdruck des Abwehrwillens, des Wartens auf die Abwehr-(Überwälzungs-)chance. — Vgl. *Recktenwald*, H. C.: Steuerüberwälzungslehre, a.a.O., S. 34.

zuweichen, indem er den Tatbestand, an den die Steuer anknüpft (Steuergegenstand), nicht verwirklicht oder, wenn der Tatbestand bisher gegeben war, ihn aufhebt oder soweit wie möglich einschränkt[12]. Da einer solchen Änderung des Verhaltens (ökonomischer Aspekt) eine Substitution zugrunde liegt, werden die davon ausgehenden Wirkungen als Substitutionswirkungen bezeichnet; gemessen am Steuerertrag (fiskalischer Aspekt) handelt es sich um Steuerausweichung[13]. Die Steuerausweichung kann entweder auf legalem oder illegalem Wege erfolgen. Bewegen sich die Maßnahmen zur Verkleinerung der Steuerangriffsfläche (Bemessungsgrundlage, Steuergegenstand) innerhalb der gesetzlichen Schranken, so spricht man von legaler Steuerausweichung. Kommt man bei den Abwehraktionen mit den bestehenden Steuergesetzen in Konflikt, dann handelt es sich um illegale Steuerausweichung. Letztere soll in unserer Darstellung nicht miteinbezogen werden[14].

Wir wollen nun die wichtigsten Erscheinungsformen der Substitutionswirkungen im Bereich des Haushalts und der Unternehmungen darstellen.

a) Die Substitutionswirkungen im Bereich der Haushalte

Ansatzpunkt der Überlegungen ist die Feststellung, daß die Besteuerung in den Einkommenszustrom, in den Vermögensbesitz und in die Einkommensverwendung des Haushalts eingreift. Die meisten Substitutionsmöglichkeiten ergeben sich dort, wo die Entscheidungsfreiheit für den Haushalt am größten ist; das ist bei der Einkommensverwendung der Fall.

Grundsätzlich lassen sich drei Arten der Substitution anführen: Die sachliche, die zeitliche und die räumliche Substitution. Für den Bereich des Haushalts kann festgestellt werden, daß die Möglichkeit der sachlichen Substitution bei der konsumtiven Einkommensverwendung die

---

12 Schmölders bezeichnet den gleichen Sachverhalt mit Signalwirkungen: „Die Steuer wirkt beim Pflichtigen als Signal, das es ihm angezeigt erscheinen läßt, sein Verhalten so zu ändern, daß eine Steuerpflicht entweder überhaupt nicht entsteht oder aber von vornherein möglichst reduziert wird.“ — *Schmölders*, G.: Allgemeine Steuerlehre, a.a.O., S. 120.

13 *Recktenwald*, H. C.: Steuerüberwälzungslehre, a.a.O., S. 35.

14 Dies soll nicht zu der Annahme verleiten, die illegale Steuerausweichung sei ohne ökonomische Auswirkungen und alleinige Aufgabe der Juristen. Vor allem in Ländern mit schlechter Steuermoral ergäbe eine derartige Untersuchung sicherlich interessante, d. h. wirtschaftlich bedeutende Ergebnisse. Eine solche Aufgabe würde voraussichtlich aber an der stark positiven Korrelation von Steuermoral und Informationsfreudigkeit scheitern. — Vgl. dazu auch *Lang*, A.: a.a.O., S. 12, Anm. 4.

bedeutendste ist. Der Steuerpflichtige wird versuchen, der unterschiedlichen steuerlichen Belastung einzelner Gebrauchs- und Verbrauchsgüter dadurch auszuweichen, daß er von den hochbesteuerten Gütern auf weniger oder gar nicht besteuerte übergeht. Dieser Ersatzakt kann auch verbunden sein mit einer Einschränkung des Verbrauchs solcher Güter oder gar einem Verzicht (vor allem bei „Luxusartikel"). Es ist nun leicht zu schließen, daß die Möglichkeiten einer sachlichen Substitution um so geringer sind, je allgemeiner eine Steuer ist. Demnach ist es beispielsweise sehr leicht einer hohen Verbrauchssteuer auf exotische Gewürze auszuweichen; einer allgemeinen Umsatzsteuer durch sachliche Substitution zu entgehen, ist praktisch unmöglich, wenn man davon absieht, daß die Allgemeinheit der Steuer von Begünstigungen durchbrochen sein kann. Die quantitative Darstellung dieser am häufigsten zu beobachtenden Substitutionswirkungen erfolgt mit Hilfe der Elastizität der Nachfrage in bezug auf Preis und Einkommen. Mit dem Begriff der Nachfrageelastizität kann man zunächst den Einfluß von Preisänderungen (in unserem Fall durch eine Steueränderung) auf die nachgefragte Menge messen. Bei dieser sogenannten Preiselastizität sind zwei Fälle zu unterscheiden: a) Will man die Änderung der mengenmäßigen Nachfrage nach einem Gut messen, wenn sich der Preis dieses Gutes bei sonst gleichen Bedingungen ändert, so geschieht dies durch die direkte Preiselastizität. b) Will man die Änderung der mengenmäßigen Nachfrage nach einem Gut messen, wenn sich der Preis eines anderen Gutes (Substitutionsgutes) bei sonst gleichen Bedingungen ändert, so geschieht dies durch die Kreuz-Preiselastizität.

Mit der Nachfrageelastizität kann man auch den Einfluß von Einkommensänderungen (für unseren speziellen Fall durch eine Steueränderung) auf die nachgefragte Menge messen. Als Einkommenselastizität bezeichnet man demnach das Verhältnis zwischen der relativen Änderung der Nachfrage und der sie bewirkenden relativen Änderung des Einkommens.

Grundsätzlich kann man zwei Elastizitätskategorien unterscheiden, was am Beispiel einer Preissenkung durch eine Verbrauchsteuersenkung gezeigt werden soll: a) Wenn diese Preissenkung die Nachfragemenge soweit erhöht, daß der Gesamtumsatz (Preis × Menge) zunimmt, spricht man von elastischer Nachfrage bei diesem (Ausgangs-) Preis[15]. (Die Preiselastizität ist größer als 1). b) Wenn diese Preissenkung die Nachfragemenge so wenig steigert, daß der Gesamtumsatz (Preis × Menge) zurückgeht, spricht man von unelastischer Nachfrage bei diesem Preis. (Die Preiselastizität ist kleiner als 1).

---

[15] Siehe diese Modifizierung bei *Schneider*, E.: Einführung in die Wirtschaftstheorie, II. Teil, Tübingen 1965, S. 35.

Es ist leicht einzusehen, daß diese Erkenntnis eine wichtige Rolle spielt, wenn mit Hilfe von Steueränderungen Wirtschafts- und Finanzpolitik betrieben werden soll.

Zur elastischen und unelastischen Nachfrage lassen sich drei Sonder- bzw. Extremfälle feststellen. Man spricht von vollkommen elastischer Nachfrage nach einem bestimmten Gut, wenn etwa die Preiselastizität bei einem bestimmten Preis unendlich groß ist; die Nachfragekurve ist in diesem Fall waagerecht. Ist die Preiselastizität bei einem bestimmten Preis gleich 0, so spricht man von vollkommen unelastischer Nachfrage; die Gestalt der Nachfragekurve ist eine Senkrechte. Als Sonderfall ist auch eine Nachfrageelastizität von 1 zu betrachten. Eine Preissenkung führt zu einer prozentuell gleich großen Steigerung der Nachfragemenge, d. h. der Gesamtumsatz (Menge × Preis) bleibt gleich.

Die Bedeutung der zeitlichen Substitution bei der konsumtiven Einkommensverwendung ist nur gering. Kommt es infolge der beabsichtigten Einführung einer Verbrauchsteuer zu Hortungskäufen, um dieser Steuer zumindest für einige Zeit auszuweichen, so liegt eine zeitliche Substitutionswirkung der Besteuerung vor. Einiges Gewicht könnte man dieser Substitutionsmöglichkeit bei Einführung von zeitlich begrenzten Steuern, etwa zur Überbrückung von Krisenzeiten (Krieg), beimessen; andererseits wird der Staat in einem solchen Fall wegen der Dringlichkeit der Einnahmen danach trachten, die Steuerpflicht möglichst allgemein (z. B. allgemeine Verbrauchsteuer) entstehen zu lassen. Eine Substitutionswirkung der Besteuerung in zeitlicher Hinsicht liegt auch vor, wenn im Wirtschaftsplan des Haushaltes die Konsumausgaben zugunsten der Ersparnisse (in vielen Fällen für zukünftige Konsumausgaben) eingeschränkt werden. Hier greifen in den verschiedensten Formen (Bausparen, Versicherungssparen) steuerliche Förderungsmaßnahmen (nichtfiskalische oder positiv: wirtschaftspolitische Ziele der Besteuerung) ein, um die Konsum- und Sparneigung der Haushalte zu beeinflussen[16]. „Ein derartiger Appell an die Rechenhaftigkeit der Haushaltung gelingt allerdings meist nur bei den Beziehern großer Einkommen, deren Entschluß zum Sparen schon einem entsprechenden ‚Investitionsentschluß' sehr nahe kommt. Hier kann eine Steuerbegünstigung des Sparens an sich oder bestimmter Sparformen beachtlichen Erfolg haben ... Bei den Sparentscheidungen der Haushalte mit mittleren Einkommen wirkt dagegen wohl weniger die

---

[16] Die Zusammenhänge zwischen Einkommenshöhe und Konsum- und Sparneigung (propensity to consume and propensity to save) hat vor allem Keynes durchleuchtet. *Keynes*, J. M.: The General Theory of Employment, Interest and Money, London 1936, S. 61 ff.

tatsächliche Steuerersparnis ..., sondern das Bedürfnis, alle Formen der legalen Steuerausweichung auch tatsächlich zu nutzen; ...[17]"

Eine räumliche Substitutionswirkung der Besteuerung bei der Einkommensverwendung wird seltener festzustellen sein. Weicht man vom üblichen Vorstellungsinhalt einer räumlichen Substitution, i. e. einer Standortverschiebung (des Haushaltes in unserem Fall), ab und versteht darunter die Substitution der einheimischen Einkaufsquelle durch eine nichteinheimische (vor allem ausländische in Grenzgebieten), so wird man doch derartige Steuerwirkungen beobachten können. Fraglich bleibt dennoch, ob dieser Sachverhalt nicht besser zur sachlichen Substitutionswirkung gerechnet werden soll und ob die Preisunterschiede tatsächlich von der unterschiedlichen Besteuerung herrühren.

Neben den Substitutionswirkungen auf die Einkommensverwendung der Haushalte sind solche auf deren Einkommenserzielung und Vermögensbesitz zu analysieren. Wenn wir wieder das Kriterium der Entscheidungsfreiheit anwenden, so ist eine erste Feststellung, daß zumindest für kontraktbestimmte Einkommen (Beamtengehälter, Kollektivvertragslöhne), die zahlenmäßig bei weitem (aber auch wertmäßig) überwiegen, die Grenzen eng gesteckt sind.

Als reine (d. h. nicht vermengt mit Einkommenswirkungen) Substitutionswirkung der Besteuerung auf die Einkommenserzielung und den Vermögensbesitz des Haushaltes ist seine Standortverschiebung, also die räumliche Substitution, anzusehen. Die Standortverschiebung kann innerhalb einer Volkswirtschaft[18] und zwischen einzelnen Volkswirtschaften hin zu den sogenannten Steueroasen erfolgen. Der Anreiz zur räumlichen Substitution wird nur für Haushalte mit großem Einkommen und Vermögensbesitz vorhanden sein. Es darf dabei aber auf die in entgegengesetzter Richtung wirkenden metaökonomischen Einflüsse (Verbundenheit mit der Heimat, verwandtschaftliche Bindungen) nicht vergessen werden. Dazu kommt, daß mit zunehmender Entfernung der Steueroase der Anreiz zur Standortverschiebung abnimmt.

Unter zeitlicher Substitutionswirkung der Besteuerung bei der Einkommenserzielung kann einmal jener Sachverhalt verstanden werden,

---

[17] *Schmölders,* G.: Allgemeine Steuerlehre, a.a.O., S. 137 (Hervorhebung von Schmölders).

[18] Das beste Beispiel bietet auch heute noch die Schweiz, deren Steuersystem durch seine Mannigfaltigkeit und Unheitlichkeit von Kanton zu Kanton viele Möglichkeiten einer Steuerausweichung zuläßt. Eine Besonderheit sind dabei die Steuerverträge, die zwischen Steuerpflichtigen und dem Kanton abgeschlossen werden. (Nach dem 2. Weltkrieg allerdings stark eingeschränkt) Darin verpflichtet sich der Steuerpflichtige, sein Steuerdomizil (in der Regel der Wohnsitz) in einer bestimmten Gemeinde aufzuschlagen; als Gegenleistung erläßt ihm die Behörde einen Teil der nach dem Gesetz geschuldeten Steuerleistung. Vgl. dazu *Lang,* A.: a.a.O., S. 23 f.

bei dem eine Steuerersparnis durch eine Verschiebung der Besteuerung in eine andere Veranlagungsperiode zustande kommt. Fallen die jährlichen Einkommmen in sehr unterschiedlicher Höhe an, so kann der Steuerpflichtige versuchen, durch entsprechende Geltendmachung von Steuerabzugsposten (also Geltendmachung von erhöhten Werbungskosten und Sonderausgaben in „guten" Jahren) der Einkommensteuerprogression bis zu einem gewissen Grad zu entgehen und so Steuer zu sparen. Auch dieses Verhalten ist unter die zeitliche Steuerausweichung einzureihen. Für die Empfänger von stetigen Einkommen (in erster Linie die oben erwähnten kontraktbestimmten Einkommen) ergeben sich hier kaum Substitutionsmöglichkeiten.

Der bei der Einkommensverwendung so bedeutenden sachlichen Substitutionswirkung der Besteuerung ist auf der Seite der Einkommenserzielung nur wenig Spielraum gelassen. Um hohen Grenzsteuersätzen zu entgehen, kann aber doch versucht werden, das steuerpflichtige Einkommen und Vermögen innerhalb eines Haushaltes personell möglichst günstig (gleichmäßig) zu verteilen; so kann z. B. das Einkommen eines Familienunternehmens veranlagungsgemäß auf mehrere Personen aufgeteilt werden[19].

b) Die Substitutionswirkungen im Bereich der Unternehmungen

„Zeichnen sich Verhaltensänderungen, die die Besteuerung im Bereich der privaten Haushalte bewirken kann, durch ihre Breitenwirkung aus, so diejenigen im Bereich der Unternehmungen durch ihre Tiefenwirkung; steuerlich veranlaßte Dispositionen der Unternehmer können Produktion und Investition und damit zugleich Wachstum und Prosperität der Gesamtwirtschaft entscheidend mitbestimmen[20]."

Die durch die Besteuerung im Unternehmensbereich bewirkten Substitutionen sind meist auf einzelwirtschaftliche Überlegungen zurückzuführen, die mit den volkswirtschaftlichen Erfordernissen nicht parallel gehen müssen. Ein Beispiel sei vorweggenommen, ohne aber auf dessen Problematik einzugehen: In einem Unternehmen wird der Produktionsfaktor Arbeit teilweise durch Kapital ersetzt, um dadurch Lohnsummensteuer zu sparen; oder, was in der Realität bestimmt eine sehr häufige Überlegung sein wird, um einer erhöhten Lohnsteuer, die von den Arbeitnehmern durch die Forderung nach Lohnerhöhungen abgewälzt werden soll, auszuweichen. Diese Unternehmerdisposition

---

[19] *Schmölders,* G.: Allgemeine Steuerlehre, a.a.O., S. 138; *Recktenwald,* H. C.: Steuerüberwälzungslehre, a.a.O., S. 57.

[20] *Schmölders,* G.: Allgemeine Steuerlehre, a.a.O., S. 138 f.

kann aber mit dem volkswirtschaftlichen Ziel der Vollbeschäftigung in Konflikt stehen.

Wir wollen bei der Darstellung der Substitutionswirkungen im Bereich der Unternehmungen an die Vorgangsweise im vorigen Kapitel anschließen und nach den Möglichkeiten von sachlichen, zeitlichen und räumlichen Substitutionen zum Zwecke der Steuerausweichung fragen.

Eine erste sachliche Substitutionswirkung ergibt sich aus dem Einfluß der Besteuerung auf das Verhältnis der eingesetzten Produktionsfaktoren. Ob überhaupt und wie die Besteuerung dieses Verhältnis beeinflussen kann, hängt von der Art der Produktionsfunktion ab[21]. Liegen limitationale Produktionsverhältnisse vor, so kann man einer Steuer durch Substitution eines Faktors nicht ausweichen, weil eine solche ex definitione nicht möglich ist. Ein bestimmtes Produkt kann nur auf eine ganz bestimmte Weise nach einem einzigen Produktionsprozeß erzeugt werden. Eine steuerliche Belastung fällt nur weg, wenn die Produktion aufgegeben wird.

Die Produktionsfunktion kann aber auch derart beschaffen sein, daß die Faktoren kontinuierlich substituierbar sind. Diese ist nur als theoretischer Fall interessant. In der Realität wird am häufigsten eine Variation der Produktionsfunktion anzutreffen sein, nämlich die Substitutionsmöglichkeit von Faktoren innerhalb bestimmter Grenzen. Der unternehmerischen Entscheidung obliegt es dann, welche von den im Substitutionsgebiet liegenden, technisch möglichen Faktorkombinationen zum Einsatz kommt. Ökonomisches Verhalten vorausgesetzt, wird jene Kombination gewählt werden, welche die geringsten Kosten verursacht, das ist die sogenannte Minimalkostenkombination. Ist nun die Besteuerung der Grund für die Veränderung des Preisverhältnisses zwischen substituierbaren Produktionsfaktoren, so wird sich das auf die Minimalkostenkombination auswirken.

Sachliche Substitution als Folge der Besteuerung läßt sich auch in der Kapitalstruktur der Unternehmungen feststellen, wenn es auch hier besonders schwer sein dürfte, steuerliche und andere ökonomische (Risiko) und rechtliche (Haftung) Überlegungen nach ihrem Wirkungsgrad zu analysieren. Die Aufnahme von Fremdkapital wird jedenfalls steuerlich dadurch attraktiv, daß die Schuldzinsen als Betriebsausgabe den steuerpflichtigen Gewinn vermindern. Dagegen unterliegen beispielsweise die Eigenkapitalzinsen einer Aktiengesellschaft, das sind die ausgeschütteten Dividenden, der Doppelbesteuerung. Zunächst ist die

---

[21] Siehe die Grundlagen für alle derartigen Untersuchungen bei *Schneider,* E.: Einführung II, a.a.O., S. 163 ff., und *Gutenberg,* E.: Grundlagen der Betriebswirtschaftslehre, 1. Bd.: Die Produktion, Berlin-Göttingen-Heidelberg 1963, S. 190 ff.

juristische Person körperschaftsteuerpflichtig; die Gewinnausschüttungen werden dann bei den Empfängern noch zur Kapitalertragssteuer herangezogen. Auch die Realität bestätigt, daß die Aufnahme von Krediten (Obligationen) gegenüber der Emission von Aktien die häufigere Form der Kapitalbeschaffung ist[22].

Zu den aktuellsten Problemen der Steuerwirkungslehre dürfte die Erforschung der Substitutionswirkungen durch die unterschiedliche Besteuerung der Rechts- und Organisationsform der Unternehmen gehören. Ein Problem, das bereits erwähnt wurde, ist die unterschiedliche steuerliche Belastung der Personal- und Kapitalgesellschaften[23] durch die de facto[24] Doppelbesteuerung des „Einkommens" der Kapitalgesellschaften.

Viel interessanter aber ist die Möglichkeit zur Steuerausweichung durch die Kombination von Rechtsformen[25]. Das interessanteste Beispiel dafür ist die Ges.m.b.H. & Co. KG, bei der die Ges.m.b.H. Komplementär und die Kommanditisten natürliche Personen oder eine Personengesellschaft sind. Die auf die Kommanditisten entfallenden Gewinne bleiben von der Körperschaftsteuer verschont; die Gewinne der Ges. m.b.H. unterliegen nur der Körperschaftsteuer, nicht aber der progressiven Einkommensteuer[26]. Die Gesellschaft kann ihre Gewinne daher dorthin transferieren, wo sie mit der Besteuerung am günstigsten wegkommt.

Eine besondere Form der Steuerausweichung in dieser Hinsicht hat sich in den Vereinigten Staaten in Form der Stiftungen entwickelt. Diese Stiftungen für Bildungs- und Forschungszwecke bleiben selbst steuerfrei und tragen auch zur steuerlichen Entlastung der Gesellschaften und großen Steuerzahler bei. Der Industriemagnat Andrew Carnegie war im Jahre 1900 der erste, der diese Substitutionsmöglichkeit ausnützte und so auf Kosten des Fiskus in seinen good-will investierte[27].

---

22 *Kuntze*, W.: Signalwirkungen der Einkommen- und Körperschaftsteuer, in: Finanzwissenschaftliche Forschungsarbeiten, Heft 18, Berlin 1958, S. 35 *Schmalenbach*, E.: Die Aktiengesellschaft außer Dienst, in: ZfhwF, NF, 1. Jahrgang (1949), S. 2—5. *Schmalenbach*, E.: Der freien Wirtschaft zum Gedächtnis, Köln 1949, S. 49 ff. *Fricke*, D.: Untersuchungen zur Steuerpolitik und Steuerreform, in: Finanzwissenschaftliche Forschung und Lehre an der Universität zu Köln 1927—1967, S. 87—100, hier S. 94.

23 Vgl. dazu *Loitlsberger*, E.: Herbeiführung der Wohlstandsgesellschaft und Besteuerung der Unternehmungsformen. Unveröffentlichtes Manuskript.

24 Nicht de iure, weil dort zwei Personen angenommen werden, die zwei verschiedene Einkommen haben: Die juristische Person und deren Eigentümer.

25 *Wöhe*, G.: Betriebswirtschaftliche Steuerlehre, Bd. II, 1. Halbbd., Berlin und Frankfurt a. M. 1963, S. 46 ff.

26 *Pohmer*, D.: Grundlagen, a.a.O., S. 120.

27 *Schmölders*, G.: Allgemeine Steuerlehre, a.a.O., S. 143.

Eine sachliche Substitutionswirkung kann auch von der Umsatzsteuer in der Form einer kumulativen Allphasenumsatzsteuer ausgehen; dies führt zur Konzentration von Unternehmungen, d. h. zu dem Bestreben, möglichst viele Produktions- und Absatzstufen zusammenzuschließen, um so Steuern zu sparen[28].

Ein im Zusammenhang mit Steuerfragen oft zitiertes Schlagwort heißt „Betriebsausgabenluxus". Der zugrundeliegende ökonomische Sachverhalt, verstärkt durch psychologische Momente (wie bei praktisch allen Steuerwirkungen), ist ebenfalls ein sachlicher Substitutionsvorgang. Man versteht darunter das Ziel des Unternehmers, möglichst viele Betriebsausgaben (Steuerabzugsposten) zu machen, um nur ja den steuerpflichtigen Gewinn niedrig zu halten. Die Behauptung, daß dabei betriebswirtschaftliche Überlegungen zu kurz oder gar nicht zum Zuge kommen, kann zumindest nicht allgemein gelten[29]. Die scheinbar überhöhten und unwirtschaftlichen Aufwendungen für Reklame, Geschäftsportale und Repräsentation, sowie jene für die „luxuriöse" Neuausstattung von Büroräumen und Werkstätten können sich als durchaus rentable Investitionen in den Firmenwert bzw. in das Betriebsklima erweisen. Da derartige Investitionen zu keiner Aktivierung, daher auch nicht zur Entstehung einer anderen Steuerpflicht (z. B. Vermögensteuer) führen, kann man damit beträchtliche Steuerersparnisse erzielen. Daß Unternehmer auch Kosten ihrer privaten Lebensführung als Betriebsausgaben erscheinen lassen können (auch das läuft unter „Betriebsausgabenluxus"), widerspricht zwar dem Gleichheitsgrundsatz, „unökonomisch" ist diese Vorgangsweise vom einzelwirtschaftlichen Standpunkt aber sicher nicht.

Stellen wir nun einige Überlegungen über die Möglichkeit der Beeinflussung der zeitlichen Dispositionen der Unternehmung durch die Besteuerung an. Solche zeitliche Substitutionswirkungen der Besteuerung ergeben sich vor allem aus der Institution des Wirtschaftsjahres, für das der handels- und steuerrechtliche Gewinn zu ermitteln ist. Der steuerpflichtige Jahresgewinn kann insbesondere durch eine steuerlich orientierte Abschreibungspolitik (vorzeitige Afa, degressive Abschreibung), aber auch durch überhöhte Rückstellungen und Wertberichtigungen zu Aktivposten manipuliert werden. Zunächst bedeutet die Vornahme von erhöhten Abschreibungen nur ein Hinausschieben der Steuerzahlung auf einen späteren Zeitpunkt. Gelingt es, diesen Gewinn

---

[28] Vgl. zur Besteuerung der Betriebszusammenschlüsse und dem Einfluß der Besteuerung auf die betriebliche Konzentration *Wöhe*, G.: Betriebswirtschaftliche Steuerlehre, Bd. II/1, a.a.O., S. 181 ff.

[29] Vgl. dazu *Schmölders*, G.: Allgemeine Steuerlehre, a.a.O., S. 145 und *Kuntze*, W.: Signalwirkungen, a.a.O., S. 46 ff., die von ökonomisch unrationellem „Betriebsausgabenluxus" sprechen und betriebswirtschaftliche Überlegungen völlig in den Hintergrund gedrängt sehen wollen.

in „schlechte“ Jahre zu verlagern oder treten inzwischen Steuersenkungen ein, dann führt diese zeitliche Substitution zu echten Steuerersparnissen. Steuererhöhungen in späteren Jahren verkehren diese Situation allerdings in ihr Gegenteil. Eine Gefahr ist darin zu sehen, und zwar sowohl einzelwirtschaftlich als auch volkswirtschaftlich, daß es der Unternehmer nach Erschöpfung aller Gewinntransfermöglichkeiten ganz einfach nicht zu einem hohen steuerpflichtigen Gewinn kommen lassen will — das psychologische Moment des Steuerwiderstandes wirkt hier besonders stark — und aus eben diesem (steuerlichen) Grund zu Neuinvestitionen verleitet wird, die sich dann oft als Fehlinvestitionen erweisen[30].

Gleiches gilt auch für die Inanspruchnahme einer Reihe anderer steuerlicher Vergünstigungen. Besonders die völlige Absetzbarkeit der Anschaffungskosten für sogenannte geringwertige Wirtschaftsgüter im Jahr der Anschaffung dient sehr häufig zur Beruhigung des gegen Ende des Wirtschaftsjahres auftretenden „Steuervermeidungsfiebers“[31].

Der räumlichen Substitutionswirkung der Besteuerung kommt im Bereich der Unternehmungen eine große Bedeutung zu, was uns ja besonders die Weltfirmen in der Wirklichkeit vorexerzieren. Die großen Einkommen werden in die Steueroasen transferiert und dort versteuert. Hohe Zölle werden durch Errichtung von Produktionsstätten im Absatzgebiet umgangen. Die mangelnde Beweglichkeit einiger Produktionsfaktoren steht der totalen Verlagerung der Produktion in die Steueroasen noch entgegen. Wenn wir aber an die vollautomatische Fabrik denken, die mit wenigen Fachkräften das Auslangen findet und der atomare Energie zur Verfügung steht, so scheint das nicht allzuferne Zukunftsmusik zu sein[32].

Neben der internationalen Standortverschiebung aus steuerlichen Gründen ist auch die steuerlich bedingte Standortveränderung innerhalb einer Volkswirtschaft nicht unbedeutend. Gute Beispiele dafür liefern die Vereinigten Staaten und die Schweiz mit ihrer von Bundesstaat zu Bundesstaat bzw. Kanton unterschiedlichen Einkommensbesteuerung. Selbstverständlich wird erst nach Ermittlung der Gesamtsteuerbelastung eine entsprechende Entscheidung zu fällen sein.

Ein Steuergefälle hin zu Entwicklungsgebieten innerhalb einer Volkswirtschaft ist häufig das Ergebnis wirtschaftspolitischer Entscheidungen

---

[30] Eine empirische Untersuchung dieser Zusammenhänge wäre von höchstem Wert für wirtschafts- und finanzpolitische Entscheidungen.

[31] *Kuntze*, W.: Signalwirkungen, a.a.O., S. 38.

[32] *Loitlsberger*, E.: Die Herbeiführung der Wohlstandsgesellschaft, a.a.O., möchte zum Problem der Besteuerung der Unternehmungsformen vor allem drei Punkten neu durchdacht wissen: 1. Die beginnende Automation, 2. Die Arbeitszeitverkürzung und 3. Die Steigerung der Wettbewerbsfähigkeit der Steueroasen.

im Interesse der Gesamtwirtschaft. Derartige regionale Begünstigungen sollen Anreiz zu Betriebsgründungen bzw. Betriebserweiterungen in diesen Gebieten sein.

3. Die Preiswirkungen

Nach unserer Darstellung der Steuerwirkungen als Phasenablauf treten die Preiswirkungen in der Zahlungsphase auf. Der Besteuerte kommt um die Zahlung der Steuer nicht herum; er hat den steuerpflichtigen Tatbestand erfüllt. Der Freiheitsgrad für seine Reaktionsmöglichkeiten ist im Vergleich zur Wahrnehmungsphase bedeutend eingeschränkt. Er kann versuchen, die Steuer ganz oder teilweise über den Preis weiterzugeben, um so sich selbst zu entlasten.

Die Preiswirkungen der Besteuerung nahmen in der Literatur der Steuerwirkungslehre unter dem Titel ‚Steuerüberwälzung' lange Zeit die zentrale Stelle ein. Die Steuerüberwälzung ist also ein Prozeß der Übertragung der Steuerlast[33]. An diesem Prozeß beteiligt bzw. von ihm betroffen sind der Steuerschuldner (Steuerzahler) und der Steuerträger.

Steuerschuldner ist derjenige, der den Tatbestand erfüllt, an den das Gesetz die Leistungspflicht knüpft. Dieser ist in den meisten Fällen auch der Steuerzahler (Steuerzahlungsschuldner)[34], also derjenige, der tatsächlich zahlt. Steuerschuldner und Steuerzahler sind nicht identisch bei den Steuern, die im Quellenabzugsverfahren erhoben werden. Bei der Lohnsteuer ist der Arbeitnehmer Steuerschuldner, der Arbeitgeber Steuerzahler. Ein anderes Beispiel bietet die Kapitalertragsteuer. Der Eigentümer der Wertpapiere ist Steuerschuldner; zur Einhebung und Abführung (Zahlung) der Steuer an das Finanzamt ist der Schuldner der Kapitalerträge bzw. die Bank als Verwahrer der Wertpapiere verpflichtet.

Steuerträger ist derjenige, auf dem nach allen Überwälzungskämpfen die Steuerlast endgültig liegenbleibt. Die Lage nach Beendigung aller Überwälzungskämpfe wird als Steuerinzidenz bezeichnet.

Sind Steuerträger und Steuerschuldner nicht identisch, so liegt der Tatbestand der Steuerüberwälzung vor. Der Überwälzungsprozeß beginnt beim Steuerschuldner; er bestimmt die Richtung, in der nach dem Steuerträger (nach der Steuerindidenz) geforscht werden muß.

Um die Überwälzungsmöglichkeit ihrer Richtung nach aufzuzeigen, nehmen wir einen Unternehmer als Schuldner einer bestimmten Steuer

---

[33] *Mering*, O.: Steuerüberwälzung, in: HdS, Bd. 10, Stuttgart-Tübingen-Göttingen 1959, S. 175—182, hier S. 175.
[34] *Kolms*, H.: Finanzwissenschaft, Bd. 2, Erwerbseinkünfte, Gebühren und Beiträge, Allgemeine Steuerlehre, Berlin 1964, S. 29.

an, die überwälzt werden soll. Gelingt ihm eine Erhöhung des Verkaufspreises, so spricht man von einer Vorwälzung der Steuer. Erwirkt er von seinen Lieferanten eine Herabsetzung des Bezugspreises, liegt eine Rückwälzung vor. Das sind die zwei grundsätzlichen Möglichkeiten für den Beginn des Überwälzungsprozesses. Wird von unserem Unternehmer eine bereits überwälzte Steuer an andere Teilnehmer am Marktprozeß weitergegeben, handelt es sich um eine Weiterwälzung.

Einen Sonderfall stellt die sogenannte schräge Überwälzung dar[35]. Das ist der Fall, in dem die Steuer auf ein bestimmtes Gut (z. B. eine Verbrauchsteuer) durch die Erhöhung des Preises eines oder mehrerer anderer (Substitutionsgüter mit geringerer Nachfrageelastizität) Güter überwälzt wird.

Es soll nun ein Überblick über die Möglichkeiten und Voraussetzungen für eine Steuerüberwälzung im Bereich der Haushalte und Unternehmungen gegeben werden.

a) Die Steuerüberwälzung im Bereich der Haushalte

Aus den Ausführungen über die Richtung der Überwälzungsmöglichkeiten ist leicht zu schließen, daß für den Haushalt in der Regel nur eine Rückwälzung in Frage kommen kann[36]. Die hier für den Überwälzungsprozeß am meisten interessierende Abgabe ist eine Steuer auf das Einkommen bzw. den Lohn. Bei einer Lohnsteuererhöhung kann der Arbeitnehmer versuchen, diese durch eine Forderung nach Lohn-

---

35 *Recktenwald*, H. C.: Steuerüberwälzungslehre, a.a.O., S. 42.

36 Nach unserer Meinung sieht *Pohmer*, D.: Grundlagen, a.a.O., S. 103, zurecht für den Haushalt auch die Möglichkeit der Weiterwälzung einer Steuer. Er schreibt: „Wird den Haushaltungen ‚direkt' oder ‚indirekt' eine neue Steuer auferlegt, müssen sie ihre Einkommensverwendung dieser veränderten Situation anpassen. Nehmen wir an, daß der Konsum bestimmter Güter eingeschränkt wird, deren Lieferanten dadurch Einnahmeausfälle erleiden. Diese und die sich aus den entsprechenden Reaktionen der betroffenen Unternehmer ergebenden weiteren Folgen kann man bloß dann sinnvoll als Wirkungen nach der Inzidenz (Steuerfernwirkungen, Wirkungen des Steuerdrucks ...) bezeichnen, *wenn* die Preise der weniger nachgefragten Güter *nicht* herabgesetzt werden, weil in diesem Falle die Haushalte tatsächlich Steuerträger bleiben. Sehen sich die Unternehmer aber auf Grund des Nachfrageausfalls zu einer Preissenkung veranlaßt und können die Haushaltungen in diesem Wege auf einen mehr oder weniger großen Teil ihrer ursprünglich vorgesehenen Konsumeinschränkungen verzichten, ist nicht einleuchtend, was diesen Entlastungsvorgang von anderen Formen der Überwälzung (bzw. Weiterwälzung) unterscheiden soll" (Hervorhebung von Pohmer).

Diese Ausführungen richten sich gegen *Recktenwald*, H. C.: Zur Lehre von der Steuerüberwälzung und den Steuerwirkungen (Einige allgemeine und terminologische Bemerkungen), in: FA, NF, Bd. 13 (1952), S. 291—306.

Die Überwälzungswirkung dieses Sachverhaltes spielt aber nur eine geringe Rolle. Die Wirklichkeit lehrt uns, daß die Unternehmer gegen Preissenkungen sind. Dieser Umstand mag auch Recktenwald veranlaßt haben, hier nur von Einkommenswirkungen zu sprechen.

erhöhung oder durch Bestehen auf den bisherigen Nettolohn auf den Arbeitgeber zu überwälzen[37]. Es kommt ganz auf die Marktstellung (Arbeitsmarkt) des Arbeitnehmers an, ob ihm die Überwälzung ganz, teilweise oder gar nicht gelingt. Statt des einzelnen Arbeitnehmers kann für Gruppen oder die Gesamtheit der Arbeitnehmer deren Interessenvertretung (Gewerkschaften) den Überwälzungskampf, wenn auch nicht unter diesem Titel, führen[38].

Komplizierter ist die Situation in einem Haushalt, der sein Einkommen aus Unternehmertätigkeit bezieht. Dem Unternehmer stehen zur Aufrechterhaltung des Preises für seine Arbeitsleistung (und nur davon soll hier die Rede sein) Überwälzungsmöglichkeiten der Einkommensteuer in alle angegebenen Richtungen offen.

Über die prinzipielle Überwälzungsmöglichkeit der Einkommensteuer wurde in der Literatur viel diskutiert[39]; heute dürfte jedoch die Meinung vorherrschen, daß es „unüberwälzbare Steuern an sich nicht gibt[40]."

b) Steuerüberwälzung im Bereich der Unternehmungen

Für *Seligman* ist die „Überwälzung die wirklich wichtige"[41] Form der Steuerentlastung. Diese Ansicht findet man in der Literatur gene-

---

37 Vgl. dazu § 60 des österreichischen Einkommenssteuergesetzes, der für die Lohnsteuerüberwälzung folgendes bestimmt: „Trägt oder übernimmt der Arbeitgeber entgegen der Bestimmung des § 98 (Überwälzungsverbot, d. Verfasser) die auf den Arbeitslohn entfallende Lohnsteuer, so ist der übernommene Betrag als Vorteil aus dem Dienstverhältnis zu behandeln. Der Arbeitgeber hat für die Berechnung der Lohnsteuer dem Arbeitslohn die darauf entfallende Lohnsteuer einmal hinzuzurechnen. Die nach dem Gesamtbetrag berechnete Lohnsteuer hat der Arbeitgeber abzuführen. ..." — *Jiresch,* R.: Einkommensteuergesetz 1967, Wien 1967, S. 112.

38 Die Form des Arbeitsmarktes ist heute in den meisten entwickelten Staaten ein bilaterales Monopol. Dem organisierten Angebotsmonopol (Gewerkschaften) steht ein organisiertes Nachfragemonopol (Arbeitgeberverbände) gegenüber. Es wäre interessant, ob die Gewerkschaften überhaupt und wenn ja, in welchem Maße, in ihre Verhandlungsstrategie Überlegungen über die Steuerüberwälzung (wegen des progressiven Einkommensteuertarifes) einbeziehen. — Zum Arbeitsmarkt als bilaterales Monopol siehe unter anderen: *Stackelberg,* H.: Grundlagen der theoretischen Volkswirtschaftslehre, Tübingen-Zürich 1951, S. 197 ff., *Schneider,* E.: Einführung II, a.a.O., S. 382, *Willeke,* E.: Arbeitsmarkt, in: HdS, Bd. 1, a.a.O., S. 321—332, hier S. 328.

39 Vgl. dazu die Aufsätze von *Föhl,* C.: Kritik, a.a.O., *Krelle,* W.: Zur Wirkung, a.a.O., *Häuser,* K. und *Richter,* R.: Zum Problem, a.a.O. — Sie bauten ihre Argumentation über die Nichtüberwälzbarkeit der Einkommensteuer auf der Hypothese der Gewinnmaximierung auf. Gilt diese, dann ist eine Einkommensteuer tatsächlich unüberwälzbar. Ist unter dieser Voraussetzung überhaupt eine Steuer überwälzbar? Siehe dazu die Ausführungen über die Steuerüberwälzung im Bereich der Unternehmungen im folgenden Kapitel.

40 *Kerschagl,* R.: Einführung, a.a.O., S. 47. Vgl. auch *Illetschko,* L. L.: Besteuerung und Betriebswirtschaft, Wien 1953, S. 101 f.

41 *Seligmann,* E. R. A.: Die Lehre, a.a.O., S. 9.

rell bestätigt[42]. Ebenso generell läßt sich in der Literatur die Parallelität von Steuerüberwälzungstheorie und jeweils vorherrschender Preistheorie feststellen. „Nowhere, indeed, is the linkage between public finance and economics closer. Economics, whatever else it may be, is a study of the money or price aspect of things. ... Prices are at the focal or near-focal point of economic activity however interpreted[43].“

Zur Untersuchung der Überwälzungschancen mit Hilfe der allgemeinen Preistheorie sind nach *Seligman* noch folgende Fragen zu beantworten[44]:

„1. Ist der betroffene Gegenstand ein Dauergut oder ein Verbrauchsgut?
2. Unterliegt der besteuerte Gegenstand einem Monopol oder dem Wettbewerb?
3. Ist die Steuer eine allgemeine oder eine Sondersteuer?
4. Besteht völlige Beweglichkeit des Kapitals?
5. Ist die Nachfrage nach der Ware elastisch?
6. Beeinflussen Differenzial-Vorteile bei der Produktion das Angebot?
7. Wird der Artikel mit konstanten, steigenden oder sinkenden Kosten hergestellt?
8. Wird die Steuer auf den Grenzgewinn oder den Überschußgewinn gelegt?
9. Ist die Steuer hoch oder niedrig?
10. Ist die Steuer proportional oder differenziert?
11. Ist die Ware Verbrauchs- oder Produktionsgut?“

Mit diesem Zitat und den im folgenden zitierten Antworten auf diese Fragen soll die Weitläufigkeit dieses Problems zum Ausdruck gebracht werden. Eine annähernd ausführliche Darstellung und Kritik der bisherigen Lösungsversuche der Probleme der Steuerüberwälzung haben wir uns nicht zur Aufgabe gestellt. Bevor wir auf die u. E. wichtigsten Faktoren der Steuerabwehr durch Überwälzung kurz eingehen, sollen die zusammengefaßten Antworten *Seligmans* auf seine eigenen Fragen wiedergegeben werden[45]:

„1. Je dauerhafter der besteuerte Gegenstand ist, um so größer wird die Reihe der als Steuer geforderten Jahreszahlungen sein, und um so schwerer wird die Last zukünftiger Zahlungen drücken, wenn sie von späteren Besitzern auf den ursprünglichen Besitzer rückgewälzt wird.
2. Bei Monopolartikeln wird der Preis nicht durch das Grenzprodukt bestimmt. Daher wird die Steuer nicht so leicht überwälzt, wie bei erhöhten Kosten des Grenzproduktes.

---

[42] Einen guten Überblick speziell über die einschlägige angelsächsische Literatur bieten *Musgrave*, R. A. und *Shoup*, C. S.: Readings in the Economics of Taxation, Homewood, Illinois 1959.

[43] *Kendrick*, M. S.: The Incidence and Effects of Taxation. Some Theoretical Aspects, in: AER, Bd. 27 (1937), S. 725—734, hier S. 725.

[44] *Seligman*, E. R. A.: Die Lehre, a.a.O., S. 208 f.

[45] *Seligman*, E. R. A.: Die Lehre, a.a.O., S. 241 f.

3. Je allgemeiner oder je weniger ausschließlich eine Steuer ist, um so enger ist das steuerfreie Gebiet, auf das die betreffenden Produzenten flüchten können, um so stärker ist aber die Veranlassung für diese Produzenten, die Steuerlast selbst zu tragen.
4. Wenn das Kapital festgelegt und die volle Beweglichkeit behindert ist, so ist die Überwälzung geringer und langsamer, als es sonst der Fall wäre.
5. Wenn die Nachfrage stetig bleibt, so werden die Produzenten die Steuer durch Preiserhöhung auf die Verbraucher überwälzen. Ist aber die Nachfrage empfindlich, so werden die Produzenten einen größeren Teil der Steuer selbst tragen, oder es werden einige abwandern.
6. Wenn die einzelnen Teile der angebotenen Ware zu sehr verschiedenen Kosten hergestellt werden, so werden die weniger leistungsfähigen Produzenten zugrunde gerichtet durch eine Steuer, die die leistungsfähigeren leicht tragen können.
7. Wird die Ware mit sinkenden Kosten hergestellt, so leidet wahrscheinlich der Verbraucher mehr, als wenn eine Industrie mit konstanten oder mit steigenden Kosten arbeitet.
8. In dem Maße, wie eine Steuer den Überschußgewinn stärker berührt als den Grenzgewinn, ist eine Überwälzung weniger wahrscheinlich, da der Preis sich den Grenzkosten anpaßt.
9. Je geringer die Steuer, um so geringer ist die Störung des Gleichgewichts zwischen Angebot und Nachfrage, und um so geringer wird die Wirkung sein, welche normalerweise eine Überwälzung hervorruft oder verhindert.
10. Ist die Steuer differenziert statt proportional, so wird die Neigung zur Überwälzung verstärkt oder abgeschwächt, je nach dem Grade der Progression oder Regression.
11. Ist die Ware ein Verbrauchsgut, so wird eine Steuer, die einmal auf den Verbraucher überwälzt ist, auf ihm haften bleiben. Ist sie aber ein Produktionsgut, so wird der ganze Überwälzungsprozeß wieder aufgenommen, und alle übrigen Umstände werden bestimmen, ob die Steuer auf den nächsten oder übernächsten Gebraucher oder auf den letzten Verbraucher überwälzt wird."

Wir wollen zunächst eine Frage klären, die für die Steuerüberwälzung von entscheidender Bedeutung ist: Ist das bisherige Betriebsverhalten richtig?

aa) Das bisherige Betriebsverhalten

Die Frage nach dem bisherigen Betriebsverhalten muß konkreter formuliert werden: Inwieweit hat der Betrieb das Wirtschaftlichkeitsprinzip[46] realisiert?

Zwei grundsätzliche Möglichkeiten sind gegeben:

1. Der Betrieb hat sich bisher (theoretisch) richtig verhalten und das wirtschaftliche Prinzip demnach voll realisiert.

---

[46] Das wirtschaftliche Prinzip im Betrieb hat verschiedene Erscheinungsformen, d. h. Unterprinzipien. Vgl. dazu *Loitlsberger*, E.: Das Wirtschaftlichkeitsprinzip (Analyse und Erscheinungsformen), Wien 1955, S. 32 ff.

2. Der Betrieb hat sich bisher (theoretisch) unrichtig verhalten, das wirtschaftliche Prinzip also nur teilweise realisiert.

In der Wirklichkeit wird fast ausschließlich Fall 2 anzutreffen sein; dieser ist weiter zu verfolgen. Die Frage lautet jetzt: Worin kann das unrichtige Verhalten bestehen?

Wiederum finden sich zwei noch immer sehr allgemeine Antworten:

1. Auf dem Beschaffungs- und Absatzmarkt wurden nicht alle Preischancen ausgenützt.
2. Es wurden nicht alle innerbetrieblichen Rationalisierungsmöglichkeiten ausgeschöpft.

Steuerabwehrmaßnahmen in Form der Steuerüberwälzung können nur für den ersten Fall getroffen werden. Wird eine Steuer durch Rationalisierungsmaßnahmen im Produktionsprozeß ganz oder teilweise wettgemacht, so handelt es sich um den Tatbestand der Steuereinholung, der in der Literatur häufig, aber zu unrecht, ebenfalls als Form der Steuerüberwälzung genannt wird. Wir zählen diese Steuerwirkung zu den Einkommenswirkungen[47]; bei deren Behandlung werden wir auf die Steuereinholung zurückkommen.

Betrachten wir nun den Fall einer möglichen Steuerüberwälzung bei bisher theoretisch unrichtigem Betriebsverhalten durch eine Korrektur des Verhaltens auf dem Preissektor. Zunächst ist zu fragen: Warum hat sich der Betrieb bisher nicht theoretisch richtig verhalten?

Die Antwort kann zweifach sein:

1. Die Zielfunktion des Unternehmens ist nicht Gewinnmaximierung; man strebt überhaupt nicht nach Maximalzielen, sondern z. B. nach einem befriedigenden Gewinn.
2. Die Zielfunktion des Unternehmens ist wohl Gewinnmaximierung, aber Informationslücken und mangelndes Entscheidungsvermögen lassen ein theoretisch richtiges Verhalten nicht zu.

Das sind die empirischen Fälle, wobei dem ersten immer größere Bedeutung zukommt; denn vor allem bei den weltweit bedeutenden Firmen[48] kann nicht mehr von einem hemmungslosen Gewinnstreben

---

[47] Ebenso *Schmölders*, G.: Allgemeine Steuerlehre, a.a.O., S. 184 und *Recktenwald*, H. C.: Steuerüberwälzungslehre, a.a.O., S. 35 f.

[48] Für die internationalen Konzerne ist noch ein Aspekt interessant, auf den *Kendrick* hinweist (nach unserer Kenntnis der Literatur sonst kaum beachtet). Es ist das Verhältnis zwischen der Gesamtmenge der produzierten und verkauften Waren und der Menge, die in der politischen Einheit, die die Steuer auferlegt, produziert und verkauft wird, in Betracht zu ziehen, weil das Wirtschaftsgebiet, in dem Angebot und Nachfrage den Preis der besagten Ware bestimmen und jenes spezifische Wirtschaftsgebiet der politischen Einheit, in dem die Steuer erhoben wird, nicht übereinstimmen müssen. Für

die Rede sein wie etwa in der hochkapitalistischen Epoche. Die Literatur zur Steuerwirkungslehre hat sich damit bisher allerdings nicht befaßt.

Im Fall 2 wird das betreffende Unternehmen versuchen, in erster Linie durch Verbesserung seines Informationsstandes neue Preischancen und damit Überwälzungsmöglichkeiten zu finden. Wir wollen hier nur grundsätzlich feststellen, daß in beiden Fällen eine Möglichkeit zur Steuerabwehr durch Überwälzung gegeben ist.

In der Folge beschäftigen wir uns mit den Überwälzungsmöglichkeiten bei bisher theoretisch richtigem Verhalten; der Verlauf der Nachfragekurve spielt hier eine entscheidene Rolle.

bb) Die Elastizitätsverhältnisse

Wir wollen uns hier auf die Darstellung eines Falles beschränken und dazu folgende Annahmen treffen: Unter Steuer ist eine allgemeine Kategorie, nicht eine bestimmte Abgabe zu verstehen. Die Steuer soll fühlbar (Überschreiten der Reizschwelle) sein, so daß der Besteuerte zu einer Änderung seines Verhaltens veranlaßt wird[49]. Neben der Gestaltung der Steuer haben Marktform und Marktverhalten entscheidenden Einfluß auf den Verlauf des Überwälzungsprozesses. In der Wirklichkeit gibt es nur unvollkommene Märkte, wobei monopolistische und oligopolistische Konkurrenzverhältnisse vorherrschen. Wir nehmen aus methodischen Gründen einen vollkommenen Markt (ohne Präferenzen) an, denn „nicht dem ‚Modell', sondern den sich in ihm als vollziehend gedachten preispolitischen Vorgängen gehört das Interesse[50]." Auf diesem Markt hat unser Unternehmen ein Angebotsmonopol. Wir unterstellen weiter einen linearen Kostenverlauf.

Welche Überwälzungschancen hat das Unternehmen, wenn eine Steuer die Struktur der proportionalen Kosten verändert und als Aktionsparameter der Preis gilt?

Aus der graphischen Darstellung (Figur 1) ist zu ersehen, daß es durch die Steuer zu einer Veränderung der Lage des Cournotschen Punktes[51] kommt: zu einem erhöhten Preis wird eine geringere Menge

---

manche Waren ist der Markt lokal, für andere national und für wieder andere weltweit; und es gibt zwar nationale und lokale Steuern, aber keine Weltsteuern. Für die Preiswirkung der Besteuerung sind in einem solchen Fall nicht nur bisheriges Betriebsverhalten, Elastizitätsverhältnisse, etc. von Einfluß, sondern auch die Anteile der Gesamtmenge, die im „Steuergebiet" bzw. außerhalb dessen, aber innerhalb des „Preisgebietes", produziert und verkauft werden. — Vgl. dazu *Kendrick*, M. S.: The Incidence, a.a.O., S. 728 f.

[49] Diese allgemeinen Annahmen übernehmen wir von *Recktenwald*, H. C.: Steuerüberwälzungslehre, a.a.O., S. 122.

[50] *Gutenberg*, E.: Der Absatz, a.a.O., S. 183 (Hervorhebung von Gutenberg).

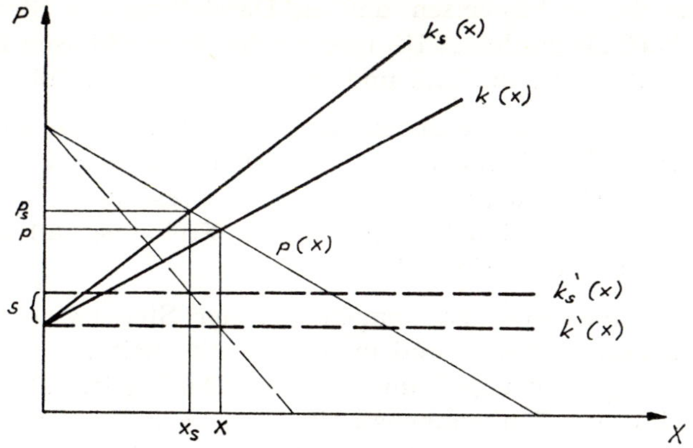

Figur 1

angeboten. Das Verhältnis dieser beiden Veränderungen (Elastizität) hängt von der Gestalt der Nachfragekurve ab.

Je elastischer die Nachfrage ist, um so stärker ist bei einer Preiserhöhung $(p_s - p)$ der Rückgang der Absatzmenge $(x - x_s)$. Die Nachfragekurve in Figur 1 ist elastisch.

Aus der Darstellung lassen sich zwei Steuerwirkungen erkennen:

1. In der Höhe $(x - x_s) \cdot t$ eine Steuervermeidung (Substitutionswirkung), wenn wir annehmen, daß es sich um eine Steuer auf die abgesetzte Menge handelt und t der Steuersatz ist.
2. Eine Überwälzung (Preiswirkung) in der Höhe $(p_s - p) \cdot x_s$.

Aus Figur 1 sieht man auch, daß es nur zu einer teilweisen Steuerüberwälzung kommt; einen Teil trägt der Betrieb durch die höhere Kostenstruktur.

Ist die Nachfrage starr oder unendlich elastisch, dann sind bei bisher theoretisch richtigem Betriebsverhalten keine preispolitischen Möglichkeiten und damit auch keine Überwälzungschancen gegeben.

4. Einkommenswirkungen

Nach unserer Systematik werden die Steuerwirkungen in der dritten Phase als Einkommenswirkungen bezeichnet. Wir möchten hier

[51] Verändert eine Steuer die Höhe der Fixkosten, so ist das ohne Einfluß auf den Cournotschen Punkt, da dieser durch die Grenzkosten und den Grenzerlös bestimmt wird, die von den fixen Kosten völlig unabhängig sind. — Vgl. *Gutenberg*, E.: Der Absatz, a.a.O., S. 203.

noch einmal darauf hinweisen, daß die Darstellung der Steuerwirkungen als Ablauf, als zeitliches Hintereinander dreier Phasen im Hinblick auf eine leichtere gedankliche und verbale Fassung erfolgte.

Konnte man einer Steueränderung durch Substitution nicht ausweichen und war es auch nicht möglich, sich dieser durch Überwälzung ganz oder teilweise zu entledigen, so kommt es zur Steuerbelastung. Der Punkt der Steuerinzidenz (geringster Freiheitsgrad) ist erreicht, die Steuer muß getragen werden.

Das ist ein möglicher Zusammenhang der Steuerwirkungen; viele andere sind noch denkbar und in der Wirklichkeit anzutreffen. (Vgl. dazu auch die Ausführungen über den Inzidenzbegriff.) Bevor wir uns mit den möglichen Einkommenswirkungen im Bereich der Haushalte und Unternehmungen auseinandersetzen, soll der Inzidenzbegriff näher bestimmt werden.

a) Der Inzidenzbegriff

Im Kapitel „Begriffe und Einteilungskriterien" wurde schon auf die Schwierigkeiten der Präzisierung des Begriffsapparates der Steuerwirkungslehre hingewiesen. Im besonderen gilt dies für die Bestimmung des Begriffes Steuerinzidenz.

Man wird sich mit gutem Grund der Ansicht *Recktenwalds* und anderer anschließen können, daß die begrifflichen Grenzen nach der jeweiligen Zielsetzung der Untersuchung abzustecken sind[52].

Das Ziel der vorliegenden Arbeit ist die Untersuchung der Wirkung der Besteuerung auf das Arbeitsangebot, wobei mit Ausnahme von gelegentlichen Hinweisen von den möglichen kompensatorischen Wirkungen der Budgetausgaben abstrahiert wird. Ein Nebenziel ist die Systematisierung der ökonomischen Steuerwirkungen zum Zwecke der Abgrenzung und Einordnung unserer Fragestellung. Für die Verfolgung beider Ziele ist es zweckmäßig, unter Inzidenz den Punkt endgültiger monetärer Belastung durch eine oder mehrere Steuern zu verstehen. Alle Steuerabwehrprozesse, wenn solche überhaupt stattgefunden haben, sind an diesem Punkt beendet[53].

Ein solcher Inzidenzbegriff ist für die Zwecke der Systematisierung der Steuerwirkungen sehr praktikabel, weil dadurch das (mögliche) Hintereinander der einzelnen Wirkungen gut zum Ausdruck kommt; und eine Systematik ist, trotz der möglichen und berechtigten Einwen-

---

[52] *Recktenwald*, H. C.: Steuerüberwälzungslehre, a.a.O., S. 39.

[53] *Recktenwald*, H. C.: Steuerüberwälzungslehre, a.a.O., S. 43, spricht demnach von mittelbarer (Steuerabwehrprozesse finden statt) und unmittelbarer Inzidenz.

dungen, aus didaktischen Gründen von Vorteil. Für unser Hauptziel ist zunächst die Veränderung des Einkommens durch die Besteuerung im Punkt der Inzidenz interessant. Der dadurch ausgelöste Prozeß der Anpassung des Arbeitsangebotes an die neue Situation ist der Untersuchungsgegenstand.

b) Besteuerung und Anpassungsprozesse

Es sei noch einmal klar herausgestellt, daß die Besteuerung bzw. eine Steueränderung zwei Arten von Verhalten auslösen kann: Ein abwehrendes und ein anpassendes Verhalten mit allen rationalen und irrationalen Momenten.

In der letzten Phase unserer Systematik der Steuerwirkungen, der Inzidenzphase, kommt es durch die endgültige Steuerbelastung zu einer Schmälerung des Einkommens. Der Freiheitsgrad des Zensiten, sich der Steuer zu „erwehren", ist in dieser Phase am geringsten. Zu einer Steuerabwehr im eigentlichen Sinne (Substitution, Überwälzung) kommt es überhaupt nicht. Der Steuerträger kann aber danach trachten, sich der neuen Situation durch eine Änderung seines Wirtschaftsplanes anzupassen. Die durch den Tatbestand der Einkommensminderung durch die Besteuerung ausgelösten Anpassungsvorgänge werden als Einkommenswirkungen bezeichnet[54].

Wir haben schon des öfteren die Bedeutung des psychologischen Moments bei der Untersuchung von Problemen der Steuerwirkungslehre hervorgehoben. Es ist jetzt der Ort für einen nochmaligen nachdrücklichen Hinweis darauf; das gilt wieder insbesondere für die Anpassungsprozesse im Bereich der Haushalte. Wir werden im folgenden sowohl auf die ökonomischen (größenmäßige Veränderung der in Frage kommenden Faktoren, also quantitativ) als auch auf die psychologischen Wirkungen (incentives, disincentives) achten müssen[55].

aa) Die Anpassungsprozesse im Bereich der Haushalte

Zu welchen Anpassungsvorgängen es nach der Besteuerung kommt, hängt davon ab, ob man sich mit der Einkommensschmälerung abfindet oder nicht.

---

[54] Auch *Musgrave,* R. A.: Finanztheorie, a.a.O., spricht von Anpassungsvorgängen (Teil III, Anpassungen an die Budgetpolitik: Klassische Aspekte, S. 151 ff.), allerdings in einem erweiterten Rahmen.

[55] Zu den psychologischen Wirkungen siehe u. a. den Aufsatz von *Fecher,* H.: Einige Bemerkungen über „incentive-Wirkungen" der Einkommensteuer, in: PF, Bd. 20 (1965), S. 78—111.

Im ersten Fall bleiben dem Haushalt alternativ oder kombiniert zwei Möglichkeiten auf der Einkommensverwendungsseite: Die Einschränkung des Konsums und die Einschränkung der Spartätigkeit.

Findet sich der Haushalt mit der neuen Situation nach der Besteuerung nicht ab, so wird es zu Anpassungsvorgängen auf der Seite der Einkommenserzielung kommen, d. h. zu einer Änderung des Arbeitsangebotes.

Es darf bei dieser Frage nicht übersehen werden, daß die Art und insbesondere Beginn und Dauer der Anpassung davon beeinflußt werden, ob der Haushalt über ein Nettoeinkommen oder ein Bruttoeinkommen verfügt. Im ersten Fall wird die Steuer im Quellenabzugsverfahren erhoben. Der Steuerpflichtige ersieht zwar aus dem Lohn- oder Gehaltsbeleg die Höhe des einbehaltenen Betrages, aber — und darauf dürfte es ankommen — er bezieht diesen Teil seines Kontrakteinkommens gar nicht in seinen Wirtschafts- (Haushalt-)plan ein. Seine Dispositionen über das Einkommen sind „Netto"-Dispositionen[56]. Bezieht ein Haushalt ein Bruttoeinkommen, dann muß er die Steuer in seinen Wirtschaftsplan als Ausgabenpost einbeziehen. „Brutto"-Dispositionen werden über Einkommen gemacht, die aus Unternehmertätigkeit oder freiberuflicher Tätigkeit erzielt werden.

α) Die Wirkung der Besteuerung auf Konsum und Spartätigkeit

Die Grundlagen für die Erforschung der Wirkung der Besteuerung auf den Konsum und die Spartätigkeit liefert die Theorie des Konsumentenverhaltens[57].

Gehen wir von der bekannten Grundgleichung aus[58]:

$$Y = C + S$$

Diese Aussage gilt sowohl für jeden einzelnen als auch für die Gesamtheit der Haushalte (Konsumenten).

Wenn wir das S auf eine Seite bringen, können einige allgemeine, leicht einzusehende Schlußfolgerungen gezogen werden:

$$S = Y - C$$

---

[56] *Schmölders,* G.: Allgemeine Steuerlehre, a.a.O., S. 196 (Hervorhebung von Schmölders).

[57] *Keynes,* J. M.: General Theory, a.a.O., S. 63 und 89 ff.; seither in jedem einschlägigen Lehrbuch.

[58] Die Symbole sind aus der angelsächsischen Literatur übernommen. Y = Income, C = Consumption, S = Savings. Ebenso *Schneider,* E.: Einführung III, a.a.O., S. 122 ff.

Diese Definition des Sparens ist makro- und mikroökonomisch sinnvoll, wobei folgendes zu beachten ist:

1. Das *S* kann positiv sein; der Konsum ist geringer als das Einkommen.
2. Das *S* kann gleich Null sein; Konsum und Einkommen sind gleich groß.
3. Das *S* kann negativ sein; der Konsum ist größer als das Einkommen, was durch das Zurückgreifen auf Ersparnisse oder durch Kreditaufnahme finanziert werden kann.

Ein Vorzeichen ist gewißt: Der Konsum hat immer einen positiven Wert. Daraus läßt sich die Feststellung ableiten, daß das Sparen einkommensempfindlicher ist als der Konsum.

Wir fragen zunächst allgemein: Wie reagieren die Haushalte (Konsumenten) auf Veränderungen ihres Einkommens? Und speziell: Wie reagieren die Haushalte auf eine Einkommensminderung durch eine Steueränderung im Hinblick auf den Konsum und die Spartätigkeit?

Die allgemeine Frage beantwortet *Keynes* mit seinem „fundamental psychological law“[59]. Dieses grundlegende psychologische Gesetz kann in drei Fragen mit den jeweiligen Antworten zerlegt werden[60]:

1. Unter welchen Bedingungen erweitert oder vermindert sich in einer Volkswirtschaft die Lücke zwischen Einkommen und Konsum?
   Nur wenn das Einkommen steigt oder sinkt; andernfalls bleibt die Konsumneigung stabil.
2. In welcher Richtung vollzieht sich eine Änderung im Verhältnis Einkommen zu Konsum?
   Wenn das Einkommen steigt, wird ein kleinerer Anteil des Einkommens ausgegeben und ein größerer gespart; sinkt das Einkommen, so trifft das umgekehrte zu.
3. Wie groß wird das Ausmaß der Veränderungen im Verhältnis Einkommen zu Konsum sein?

Die Veränderung wird kleiner sein als die Einkommensänderung, d. h. die Grenzrate der Konsumsteigerung (bzw. -minderung).

Zum psychologischen Gesetz von *Keynes* ist die Höhe des Einkommens mitzubeachten. Je höher das Einkommen eines Haushaltes ist, um so mehr wird er sparen und umgekehrt. Neben dem absoluten korreliert auch der relative Anteil des ersparten Betrages mit der Einkommenshöhe.

---

59 *Keynes*, J. M.: General Theory, a.a.O., S. 89 ff., insb. S. 96.

60 Vgl. *Katona*, G.: Psychological Analysis of Economic Behavior, New York-Toronto-London 1951; vom Verfasser autorisierte Übersetzung: Das Verhalten der Verbraucher und Unternehmer, Tübingen 1960, S. 160. Zitate nach der deutschen Ausgabe.

Die Beschränkung der Analyse auf zwei Variable, nämlich Einkommenshöhe und Einkommensänderung, wird von *Katona* kritisiert[61], der die Konsumentenerwartungen (insbesondere die Einkommenserwartungen) und das habituelle Verhalten in seine Überlegungen einbezieht.

Kommen wir nun zur speziellen Fragestellung. Eine Steueränderung hat das bisherige Einkommen vermindert. Wir können mit *Stackelberg* fragen: Wie wird dadurch die Versorgungslage[62] des Haushaltes beeinflußt?

Zur Erforschung dieses Sachverhaltes stehen neben *Keynes'* fundamental psychological law die von der Wirtschaftstheorie entwickelten Haushaltsmodelle zur Verfügung[63]. Mit Hilfe von Indifferenzkurven vergleicht man die Situation vor und nach der Einkommensminderung (z. B. durch eine Einkommensteuer) im Hinblick auf die Zusammensetzung der Konsumgüternachfrage. Um neben der Richtung auch das Ausmaß der Wirkung der Einkommensänderung auf die Nachfrage bestimmen zu können, werden die Aussagen über die Einkommenselastizität der Nachfrage in die Untersuchung miteinbezogen.

Die Versorgungslage des Haushaltes wird aber auch von Preisänderungen (z. B. Preiserhöhung durch Einführung einer Verbrauchsteuer) beeinflußt. Auf eine ausführliche Darstellung dieser Zusammenhänge wird hier verzichtet.

Berücksichtigen wir *Katonas* Konsumerwartungen für unseren Fall, so ergeben sich drei Möglichkeiten: Die vollzogene Einkommensminderung durch die Einführung einer neuen Steuer kann als einmalig

[61] *Katona*, G.: Das Verhalten, a.a.O., S. 166 ff. — Zur Erläuterung der Bedeutung des habituellen Verhaltens möge folgendes Zitat dienen: „Möglicherweise ist der gewohnte Verbrauchsstandard von großer Bedeutung für unser Verhalten, wenn uns eine Einkommensminderung widerfährt, nicht aber, wenn wir in den Genuß einer Einkommenssteigerung kommen. Wenn uns die Anpassung unserer Ausgaben an ein gesunkenes Einkommen schwerfällt, werden wir entweder dazu tendieren, diese Anpassung zu unterlassen oder sie in ungenügendem Maße oder nur langsam zu vollziehen. Daher kann in der Tat kurz nach der Einkommenssenkung der Anteil des Konsums am Einkommen steigen. Die Lage ist wahrscheinlich völlig anders, wenn das Einkommen steigt. Wir wissen, daß die Menschen in ihrer Eigenschaft als Konsumenten zu allen Zeiten viele unbefriedigte Bedürfnisse haben. Sie wünschen sich Automobile, Haushaltseinrichtungen, Kleidung, Gesundheitsvorsorge, Unterhaltung etc. über das Maß hinaus, in dem sie mit diesen Dingen versehen werden. Wenn nun ihr Einkommen steigt, werden sie sich vielleicht der Möglichkeit bewußt, einige dieser Bedürfnisse befriedigen zu können, so daß also die Einkommenssteigerung möglicherweise der Anlaß für große, seit langem aufgeschobene Anschaffungen wird" (S. 170).

[62] *Stackelberg*, H.: Grundlagen, a.a.O., S. 110 ff. Die Versorgungslage ist jene Kombination von Gütern, die der Haushalt für seine Zwecke nach dem Bedarfsprinzip (subjektiv) auswählt.

[63] Vgl. u. a. *Stackelberg*, H.: Grundlagen, a.a.O., im Kapitel über Wirkungen von Einkommens- und Preisänderungen (S. 142 ff.) sowie über die Nachfrageelastizitäten (S. 156 ff.); und *Schneider*, E.: Einführung II, a.a.O., S. 4 ff.

auf ein niedrigeres Niveau angesehen werden oder mit optimistischen oder pessimistischen Erwartungen für die zukünftige Entwicklung verbunden sein. Die Ergebnisse aus der Untersuchung an Hand der Haushaltsmodelle werden davon wesentlich beeinflußt.

Die Hypothesen, daß die Erwartung schlechter Zeiten und fallender Preise zu erhöhtem Sparen und die Erwartung guter Zeiten und steigender Preise zu erhöhten Ausgaben führt, hat *Katona* erörtert und bei empirischen Untersuchungen als Richtschnur verwendet[64]. Manche Autoren nehmen diese Hypothesen (*Katona* selbst nicht) als gegeben hin. So meint etwa *Slichter:* „Optimistische Erwartungen (die Annahme, daß das eigene Einkommen steigen wird oder die Steuersätze sinken werden) fördern den Verbrauch. Pessimistische Erwartungen (die Annahme, daß das eigene Einkommen auf die Dauer sinken wird, die Steuerlasten steigen werden oder andere Befürchtungen für die Zukunft) fördern das Sparen[65]."

Ohne die bekannten Deduktionen aus den Haushaltsmodellen ausführlich darzustellen oder Spekulationen über mögliche Wirkungen für unseren speziellen Fall (Einführung einer neuen Steuer) anzustellen, sei auf die Notwendigkeit empirischer Untersuchungen hingewiesen, welche die von der Tatsache der Einkommensminderung durch eine Steuer ausgehenden incentive und disincentive effects (psychologische Wirkungen) berücksichtigen. Die Wirtschaftswissenschaft ist zwar bemüht, Erwartungen in die ökonomische Theorie einzubauen[66], doch sollte man *Schumpeters* Mahnung, doch endlich damit aufzuhören, „Erwartungen so zu behandeln, als ob sie gegebene Größen seien, und sie als das behandeln..., was sie sind, nämlich als Variable, die wir zu erklären haben...", mehr beachten[67].

β) Die Wirkung der Besteuerung auf das Arbeitsangebot

Die Anpassung des Wirtschaftsplanes eines Haushaltes kann sich auch auf das Arbeitsangebot auswirken. Man könnte hier im Gegensatz zu den Anpassungen von Konsum und Spartätigkeit (passiv — man findet sich mit der Einkommensschmälerung durch eine Steueränderung ab) von einer aktiven (man findet sich nicht ab) Anpassung an die neue Situation sprechen.

---

[64] *Katona,* G.: Psychological Analysis of Business Decisions and Expectations, in: AER, Bd. 36 (1946), S. 58 ff.

[65] *Slichter,* S. H.: Financing American Prosperity, in: Twentieth Century Fund, 1945, S. 284 ff., zitiert nach Katona, G.: Das Verhalten, a.a.O., S. 174.

[66] Als einer der ersten bei diesen Bestrebungen ist *Shackle,* G. L. S.: Expectation in Economics, Cambridge 1949 zu nennen.

[67] *Schumpeter,* J. A.: Business Cycles, Bd. 1, New York 1939, S. 55.

Wir sind damit zur Problemstellung der vorliegenden Arbeit vorgedrungen und haben deren Lage innerhalb der Steuerwirkungslehre bestimmt. Die genaue Darstellung der bisherigen und des eigenen Lösungsversuches gehört zum Hauptteil der Arbeit.

Vorweg sei auf einige Schwierigkeiten hingewiesen. Eine davon ist, daß alle bisher genannten Anpassungsmöglichkeiten zusammenwirken können. Noch bedeutend schwieriger aber sind die Probleme, wenn der Haushalt sein Einkommen aus einer Unternehmertätigkeit bezieht, denn in diesem Fall ist die Anpassung des Arbeitsangebotes mit allen übrigen Anpassungsprozessen an die Besteuerung im Bereich des Unternehmens verknüpft.

bb) Anpassungsprozesse im Bereich der Unternehmungen

Vielfältiger als im Bereich des Haushaltes sind die möglichen Anpassungsvorgänge an die Situation nach der Besteuerung im Unternehmensbereich. Wenn auch die verschiedenen Wirkungen meist in sehr engem Zusammenhang miteinander stehen, ist deren isolierte Analyse notwendig. Eine Erleichterung im Vergleich zur Untersuchung der Anpassungswirkungen im Haushaltsbereich mag darin bestehen, daß die irrationalen gegenüber den rationalen Reaktionen mehr in den Hintergrund treten[68].

Kann eine Steuer nicht mehr überwälzt werden, so hat das für die Unternehmung zunächst eine liquiditätsvermindernde Wirkung. Diese Liquiditätswirkung der Besteuerung wird an sich durch jede Steuerzahlung (und nicht nur bei gleichzeitiger Steuertragung) hervorgerufen; bei hohem Steuersatz ist dies gleichbedeutend mit Zwang zu hoher Liquidität[69].

Darüber hinaus wirkt die Besteuerung auf die Kostensituation (Besteuerung von Bestand, Einsatz, Ausbringung) des Unternehmens[70]. Die Liquiditäts- und Kostenwirkung der Besteuerung werden in der Literatur oft als direkte Steuerwirkungen bezeichnet. Die Belastung der Kosten durch die Besteuerung wird im Unternehmen zuerst ein abwehrendes Verhalten auslösen (Substitutions- und Preiswirkungen). Ist eine Steuerausweichung oder -überwälzung nicht mehr möglich, kann das Unternehmen versuchen, sein verfügbares Einkommen ganz oder teilweise durch Kostensenkung (Rationalisierungsmaßnahmen) zu

---

68 Dazu meint *Katona*, G.: Das Verhalten, a.a.O., S. 232, daß es keineswegs erwiesen ist, „daß echte Entscheidungen im Geschäftsleben eine größere Rolle spielen als im Verhalten der Konsumenten“.

69 Vgl. *Illetschko*, L. L.: Besteuerung und Betriebswirtschaft, a.a.O., S. 107.

70 *Wöhe*, G.: Betriebswirtschaftliche Steuerlehre, Bd. 2, 2. Halbband, Berlin und Frankfurt a. M. 1965, S. 65 ff.

erhalten. Ein solches anpassendes Verhalten wird in der Literatur als Steuereinholung bezeichnet. Einige Untersuchungen[71] zeigen, daß eine Steuer oft die Veranlassung gab, bessere Produktionsverfahren zu entwickeln. Eine Steuereinholung ist aber nur möglich, wenn noch nicht alle Rationalisierungschancen ausgenützt wurden; also bei bisher unrichtigem Betriebsverhalten.

Neben der Steuereinholung (in der Literatur zusammen mit den im folgenden behandelten und weiteren Einkommenswirkungen und den Preiswirkungen oft als indirekte Steuerwirkungen bezeichnet) sollen noch zwei Einkommenswirkungen besonders hervorgehoben werden: Die Wirkung der Besteuerung auf die Investitionstätigkeit und Risikobereitschaft, sowie die Wirkung der Besteuerung auf die unternehmerische Aktivität.

α) Die Wirkung der Besteuerung auf die Investitionstätigkeit und Risikobereitschaft

Die Wirkung einer Steueränderung auf die Investitionstätigkeit soll nach zwei Richtungen untersucht werden.

1. Durch die Kürzung des Einkommens werden auch die für Investitionen zur Verfügung stehenden Geldmittel beschnitten. Diesen Einfluß der Besteuerung auf die Finanzierungsseite der Investitionen haben wir weiter oben schon kurz angeschnitten und als Liquiditätswirkung bezeichnet. Die Anschaffung einer Anlage — unter Beachtung aller sonstigen Faktoren als optimal zu betrachten — ist nur dann vertretbar, „wenn dadurch der Fortbestand des Unternehmens von der finanziellen Seite aus nicht gefährdet wird. M.a.W. der Unternehmer wird diese Anlage nur dann kaufen, wenn er in jedem Zeitpunkt genügend Zahlungsmittel besitzt oder sich beschaffen kann, um den mit ihr verbundenen Zahlungsverpflichtungen nachkommen zu können; ist das nicht der Fall, wird die Liquidation wenigstens eines Teiles des Betriebsvermögens notwendig. Dadurch wird die Konkurrenzfähigkeit eines Unternehmens geschwächt, wenn es nicht sogar zu einer Stillegung des Betriebes kommt[72].“ Ist die Aufrechterhaltung eines solchen finanziellen Gleichgewichts nicht möglich, muß die Investition ohne Rücksicht auf die Rentabilität der Anlage unterbleiben[73].

---

[71] Als Beispiel sei die Untersuchung von *Schanz*, G.: Zur Überwälzung, a.a.O., angeführt, die ergab, daß die Besteuerung zu einer besseren Ausnutzung der betroffenen Rohstoffe führte.

[72] *Schneider*, H.: Der Einfluß der Steuern auf die unternehmerischen Investitionsentscheidungen, Tübingen 1964, S. 157.

[73] Vgl. *Albach*, H.: Investition und Liquidität, Wiesbaden 1962, S. 13 ff.

Der Finanzbedarf für eine Investition kann auf drei Arten gedeckt werden, nämlich durch Aufnahme von zusätzlichem Eigenkapital (Einlage des Unternehmers bzw. der Gesellschafter, Emission von Aktien), durch Sparen, d. h. Nichtentnahme von Gewinnen (Selbstfinanzierung) oder durch Kreditaufnahme auf dem Kapitalmarkt (Obligationen).

Nimmt man die Eigenmittel (Eigenfinanzierung und Selbstfinanzierung) als gegeben an, so daß ein zusätzlicher Finanzbedarf nur über den Kapitalmarkt gedeckt werden kann, dann läßt sich die (allgemeine) Liquiditätswirkung noch spezifizieren.

Sind die Möglichkeiten der Kreditaufnahme auf dem Kapitalmarkt für ein Unternehmen beschränkt und können dadurch bestimmte Investitionen nicht verwirklicht werden, könnte man von einer Liquiditätswirkung im engeren Sinne sprechen[74]. Kann ein Unternehmen die nötigen Geldmittel zur Finanzierung einer Investition nur zu ungünstigen Bedingungen auf dem Kapitalmarkt beschaffen, wird dadurch der mit der Anlage zu erzielende Gewinn vermindert. Diese Wirkung der Besteuerung (sie ist bedingt durch die allgemeine Liquiditätswirkung) wurde von *H. Schneider* als Rentabilitätswirkung bezeichnet[75].

2. Stellen wir für die weitere Untersuchung die Frage: Wie beeinflußt die Einführung einer neuen Steuer „die Triebkräfte der Investition“[76]?

Schmidt[77] folgend wollen wir als Triebkräfte der Investitionstätigkeit zwei Motive erachten: Das Ertragsmotiv (das Verhalten wird von ökonomischen Nutzenerwägungen bestimmt) und das Rangmotiv (das Verhalten wird von der Bedeutung des Einkommens und Vermögens zur Erlangung von Sozialprestige bestimmt).

Mit der Ertragserwartung für eine Investition ist die Bereitschaft zum Risiko untrennbar verbunden. Die Einführung einer neuen Steuer, die das Verhältnis zwischen Gewinnerwartungen und Verlustgefahr zu ungunsten der Gewinnerwartungen verschiebt, hemmt die Investitionsneigung. Es soll in diesem Zusammenhang auch auf die Möglichkeit einer wachstumshemmenden Wirkung der Besteuerung hingewiesen werden: Für das wirtschaftliche Wachstum sind insbesondere risikoreiche Investitionen von Bedeutung, die aber nur dann durchgeführt

---

[74] *Schneider*, H.: Der Einfluß der Steuern, a.a.O., S. 158, bezeichnet allein diesen Fall als Liquiditätswirkung.

[75] *Schneider*, H.: Der Einfluß der Steuern, a.a.O., S. 158. Vgl. zum Einfluß der Besteuerung auf die Kapitalbeschaffung *Wöhe*, G.: Betriebswirtschaftliche Steuerlehre, Bd. II/2, a.a.O., S. 226 ff.

[76] So *Recktenwald*, H. C.: Steuerüberwälzungslehre, a.a.O., S. 189.

[77] *Schmidt*, K.: Die Steuerprogression, Basel und Tübingen 1960, S. 113.

werden, wenn entsprechend hohe — durch die Besteuerung nicht unzumutbar reduzierte — Gewinnchancen bestehen.

Inwieweit wirkt das Rangmotiv kompensierend auf die restriktiven Wirkungen, die sich durch die Besteuerung aus dem Ertragsmotiv ergeben? Eine Untersuchung von *Domar* und *Musgrave* ergab, daß bei einer proportionalen Einkommensteuer das Rangmotiv nur bei vollem Verlustabzug von entscheidender Bedeutung ist[78].

Eine progressive Gewinnsteuer aber verringert die erwarteten Gewinne in relativ stärkerem Ausmaß als die Verluste, selbst wenn die Möglichkeit des vollen Verlustausgleichs gegeben ist[79]. Das Rangmotiv wird in diesem Fall von geringerer Bedeutung sein.

Den restriktiven Wirkungen hoher Einkommensbesteuerung auf die Investitionstätigkeit wird vom Staat durch die Gewährung von Steuerbegünstigungen[80] entgegengewirkt. In vielen Fällen wird durch diese Maßnahmen nicht die Investitionsneigung verstärkt, sondern nur die „Steuersparfreudigkeit" angeregt, was leicht zu Überkapazitäten bzw. Fehlinvestitionen führen kann[81].

β) Die Wirkung der Besteuerung auf die unternehmerische Aktivität

Mit der Frage nach der Wirkung der Besteuerung auf die unternehmerische Aktivität sind wir in unserer Systematik der ökonomischen Steuerwirkungen zum zweiten Mal zur Problemstellung der vorliegenden Arbeit vorgedrungen.

Versuchen wir das Problem in einer erweiterten Fragestellung zu sehen: Wie wirkt die Besteuerung auf das anpassende Verhalten des Unternehmers?

---

78 Siehe *Domar*, E. D. und *Musgrave*, R. A.: Proportional Income Taxation and Risk-taking, in: QJE, Bd. 58 (1944), wiederabgedruckt in Musgrave, R. A. und Shoup, S. C.: Readings, a.a.O., S. 493—524. — Vgl. auch *Brown*, E. C.: Business-Income Taxation and Investment Incentives, in: Income, Employment and Public Policy, Essays in Honor of Alvin H. Hansen, New York 1948, wiederabgedruckt in Musgrave, R. A. und Shoup, C. S.: Readings, a.a.O., S. 525—537.

79 Vgl. *Musgrave*, R. A.: Finanztheorie, a.a.O., S. 297.

80 Im Zusammenhang mit den Problemen der Steuerbegünstigung sei auf die Konfliktsituation hingewiesen, die durch diese Einrichtung zwischen dem Prinzip der Steuergerechtigkeit und (vor allem) wachstumspolitischen Erfordernissen entsteht. Vgl. *Kausel*, A., *Schwab*, W., *Taus*, J.: Untersuchungen über Zentralprobleme, a.a.O., S. 53 f.

81 Vgl. dazu die Ausführungen über die Substitutionswirkung der Besteuerung. — Gutenberg hat in einer empirischen Untersuchung festgestellt, daß bei der Investitionsentscheidung die steuerliche Begünstigung nicht jene große Rolle spielt, die man allgemein annimmt. Die Wirkung nehme jedenfalls mit zunehmender Betriebsgröße ab. (Oder anders: Je kollektiver die Entscheidungsgremien werden, z. B. Vorstand einer Aktiengesellschaft.) — *Gutenberg*, E.: Untersuchungen über die Investitionsentscheidungen industrieller Unternehmen, Köln-Opladen 1959, passim.

Im vorigen Kapitel haben wir uns mit der Anpassung des unternehmerischen Investitionsverhaltens beschäftigt. Man könnte auch über mögliche Wirkungen der Besteuerung auf die Planung des Betriebsprozesses (insbesondere hinsichtlich des Produktionsumfanges) Untersuchungen anstellen. (Man beachte den unmittelbaren Zusammenhang der beiden Fragen.) Schließlich, und das ist beim Begriff der unternehmerischen Aktivität im besonderen gemeint, kann man die Wirkung der Besteuerung auf den unternehmerischen Arbeitsumfang bzw. Arbeitseinsatz untersuchen.

Die genaue Darstellung der bisherigen und des eigenen Lösungsversuches erfolgt im anschließenden Hauptteil der Arbeit.

5. Abschließende Bemerkungen zur Systematik der ökonomischen Steuerwirkungen

Der Versuch einer systematischen Darstellung der ökonomischen Steuerwirkungen wurde aus zwei Gründen vorgenommen. Erstens galt es das zu untersuchende Spezialproblem, die Wirkung der Besteuerung auf das Arbeitsangebot, in das System der Steuerwirkungen einzuordnen; zweitens sollten dadurch die möglichen Interdependenzen der einzelnen Steuerwirkungen angedeutet werden.

Ein kurzer Rückblick sei gestattet: Wir sind davon ausgegangen, daß der von einer Steueränderung betroffene Zensit sich je nach verbleibendem Freiheitsgrad abwehrend oder anpassend verhalten kann und haben demgemäß drei große Gruppen von Steuerwirkungen festgestellt, nämlich die Substitutions-, Preis- und Einkommenswirkungen. Innerhalb dieser Gruppen haben wir weitere Detailwirkungen herausgearbeitet. Dabei sind wir bei den Einkommenswirkungen auf die spezielle Problemstellung dieser Arbeit gestoßen. Wir fanden schließlich, daß unser Problemkreis sowohl im Bereich der Haushalte als auch im Unternehmensbereich anzutreffen ist.

Es ist jetzt der Ort, an die von uns eingangs gemachte Beschränkung des Systematisierungsversuches auf die Steuerwirkungen (im engeren Sinne) zu erinnern. Würde man die von der Ausgabenseite des Budgets ausgehenden Wirkungen völlig außer acht lassen, erhielte man ein einseitiges und verzerrtes Bild über den Gesamtzusammenhang der Budgetpolitik[82]. Die sich aus der Berücksichtigung der Ausgabewirkungen ergebenden Schwierigkeiten sind groß, wenn man von jenen Fällen absieht, in denen das Nonaffektationsprinzip durchbrochen wird. Ein dafür in der Literatur immer wieder zitiertes Beispiel ist die Zweck-

---

[82] *Musgrave,* R. A.: Finanztheorie, a.a.O., passim.

bindung von Kraftfahrzeug- und Benzinsteuern für den Straßenbau[83]. Der Großteil der Steuereinnahmen dagegen kommt in einen allgemeinen Fonds, aus dem eine Vielzahl von Ausgaben getätigt wird. „On the whole, therefore, the current practice of treating public expenditures in a vague and general way and the incidence of taxation in a most particular and specific way, and of never permitting the twain to meet, is probably justified[84]."

[83] *Kerschagl*, R.: Einführung, a.a.O., S. 23.
[84] *Kendrick*, M. S.: The Incidence, a.a.O., S. 727.

Zweiter Teil

Die Wirkung der Besteuerung auf das Arbeitsangebot

I. Die Negation des Problems

Nach unserem Überblick über die Literatur wird an keiner Stelle behauptet, daß überhaupt kein Zusammenhang zwischen Besteuerung und Arbeitsangebot besteht. Im strengen Sinne des Wortes wird das Vorliegen eines solchen Problems nicht verneint.

Wir wollen hier aber auf einige Literaturmeinungen hinweisen, die einer Negation dieses Problems sehr nahe kommen. Es lassen sich zwei „resignierende" Einstellungen gegenüber der Möglichkeit der Erforschung der Steuerwirkungen — insbesondere der Steuerüberwälzung, im weiteren aber auch der Steuerwirkung auf das Arbeitsangebot — feststellen: Der agnostische Standpunkt und die „Theorie" der Steuerdiffusion.

Als agnostische oder negative Theorie wird jene Ansicht bezeichnet, die die Möglichkeit, zu allgemeinen Schlußfolgerungen über Steuerwirkungen zu kommen, verneint; selbst Wahrscheinlichkeitsurteile abzugeben, sei völlig aussichtslos[1].

Von der Diffusionstheorie gibt es eine optimistische und eine pessimistische Variante. Nach der optimistischen Lehre ist es mehr oder weniger gleichgültig, wem eine Steuer auferlegt wird, da sie sich allmählich nach der Leistungsfähigkeit gleichmäßig verteilen müsse[2]. Nach der pessimistischen Diffusionstheorie ist das Endergebnis der Ausbreitung (Diffusion) der Steuer derart, daß die gesamte Last von den ärmeren Volksschichten getragen wird[3]. Die Ansicht *Lorenz von Steins* (von *Seligman* als Diffusionstheoretiker bezeichnet) kommt einer Negation des Problems der Steuerwirkungen (der Steuerüberwälzung im besonderen) praktisch gleich, wenn er sagt: „Die Lehre von der Überwälzung der Steuern ist eine der wunderlichsten Begriffsverwirrungen, die es je in der Wissenschaft gegeben hat. ... Das große Resultat ist, daß jede Steuer von jedem auf jeden überwälzt wird[4]."

---

1 Vgl. *Seligman,* E. R. A.: Die Lehre, a.a.O., S. 188 f. und *Recktenwald,* H. C.: Steuerüberwälzungslehre, a.a.O., S. 24 sowie die dort angeführten Zitate.

2 Vgl. u. a. *Schmölders,* G.: Allgemeine Steuerlehre, a.a.O., S. 50 f. und die weiteren Hinweise dortselbst.

3 *Seligman,* E. R. A.: Die Lehre, a.a.O., S. 141 ff.

4 Zitiert nach *Seligman,* E. R. A.: Die Lehre, a.a.O., S. 153 f. (Stein, L.: Lehrbuch der Finanzwissenschaft, Leipzig 1878).

Wir können keiner dieser Meinungen auch nur in Grenzen zustimmen. Die wirtschaftliche Wirklichkeit läßt uns täglich erfahren, daß es ein Problem der Wirkung der Besteuerung auf das Arbeitsangebot gibt. Die Analyse der in Frage kommenden Faktoren und der Versuch, möglichst allgemein gültige Lösungen zu finden, sind eine notwendige und in Hinblick auf den Einsatz in der Wirtschaftspolitik lohnende Aufgabe. Scheinbar unüberwindliche Schwierigkeiten dürfen uns nicht abhalten; die Wissenschaft ist keine bequeme Sache.

II. Die bisherigen Lösungsversuche in der Literatur

Die Darstellung der bisherigen Lösungsversuche erfolgt getrennt nach theoretischen und empirischen Untersuchungen.

Die theoretischen Betrachtungen konzentrieren sich um das sogenannte *work-leisure*-Problem. Die Untersuchung erfolgt in einem partiellen Gleichgewichtssystem, d. h. es wird von anderen Anpassungswirkungen sowohl im Haushalts- als auch im Unternehmensbereich abstrahiert. In einem totalen Gleichgewichtssystem müßten zudem noch die Ausgabewirkungen berücksichtigt werden.

Empirische Lösungsversuche liegen bisher nur über sehr eingeengte Bereiche vor. Die Spezifizierung liegt einmal in einer Beschränkung der Untersuchung auf eine oder nur wenige Steuerarten; zum anderen wird der Kreis der von einer Steuer Betroffenen sehr eng gezogen.

1. Die theoretischen Lösungsversuche

Die Reihenfolge der Darstellung erfolgt nach der Bedeutung des Zusammenhanges zwischen einer bestimmten Steuer und dem Arbeitsangebot. Die zweifellos wichtigste Steuerwirkung auf das Arbeitsangebot geht von der Besteuerung des Arbeitseinkommens aus. Das schon erwähnte work-leisure-Problem steht hier im Mittelpunkt der Betrachtung. Anschließend werden die möglichen Wirkungen einer Besteuerung des Kapitaleinkommens und des Verbrauchs auf das Arbeitsangebot dargestellt.

a) Die Wirkung der Besteuerung des Arbeitseinkommens auf das Arbeitsangebot

aa) Das work-leisure-Problem und die Besteuerung des Arbeitseinkommens

Für die formale Argumentation wird vereinfachend angenommen, daß sich das gesamte Einkommen aus Arbeitseinkommen zusammensetzt[5]. Weiter wird vorausgesetzt, daß der Arbeitseinsatz in Arbeitsstunden gemessen werden kann und die Arbeiter (im weitesten Sinne des Wortes) über ihren Arbeitseinsatz frei disponieren können.

Dem einzelnen Anbieter von Arbeit steht eine bestimmte Anzahl von Stunden zur Verfügung. Er kann diese als Freizeit (leisure) verwenden oder zur Erzielung von Einkommen zum bestehenden Lohnsatz einsetzen. Bei einem gegebenen Präferenzsystem mit den Dimensionen Arbeit und Freizeit wählt der einzelne Anbieter die optimale Kombination von Einkommen (Arbeitseinsatz bei bestehendem Lohnsatz) und Freizeit. Durch die Auferlegung einer Steuer wird der Nettolohnsatz gesenkt. Diese Veränderung des Nettolohnsatzes löst beim Arbeiter ein anpassendes Verhalten an die neue Situation aus, über dessen Richtung a priori keine bestimmten Aussagen gemacht werden können. Ob es zu einer Erhöhung oder Verminderung des Arbeitsangebotes kommt, hängt zunächst von der Form des zugrunde liegenden Präferenzsystems ab; dazu sind noch die besonderen Verhältnisse des jeweiligen Falles zu beachten.

α) Hypothesen über das Präferenzsystem

Aus den Annahmen über den Verlauf der Grenznutzenkurven von Einkommen und Freizeit können wiederum Hypothesen über das Präferenzsystem abgeleitet werden. Es wird davon ausgegangen, daß sowohl aus dem Einkommen als auch aus der Freizeit ein positiver Nutzen erwächst. Das bedeutet, daß ein Verlust von Freizeit durch zusätzliches Einkommen kompensiert werden muß und umgekehrt, damit in der Situation des Anbieters von Arbeit keine Veränderung eintritt.

Daraus kann man aber noch keine Schlußfolgerungen darüber ziehen, was im Falle von Einkommensänderungen (durch Steueränderung)

---

5 Das work-leisure-Problem wurde nach unserer Kenntnis der Literatur zum erstenmal von *Barone*, E.: About Some Fundamental Theorems, a.a.O., S. 436—444, formuliert. Barone untersucht nur die beiden Fälle einer Kopfsteuer und einer proportionalen Einkommensteuer (Erscheinungsjahr des Aufsatzes 1899!) und kommt zu fünf „fundamentalen Theoremen der Besteuerung". — Vgl. dazu weiter *Robbins*, L.: On the Elasticity of Demand for Income in Terms of Effort, in: Econ, Band 10 (1930), S. 123—129; *Mering*, O.: The Shifting and Incidence of Taxation, Philadelphia 1942; *Goode*, R.: The Income Tax and the Supply of Labor, in: JPE, Bd. 57 (1949), S. 428—437; *Cooper*, G.: Taxation and Incentive in Mobilization, in: QJE, Bd. 66 (1952), S. 43—66; Die Arbeiten von Mering (teilweise), Goode und Cooper sind wiederabgedruckt in: Musgrave, R. A. und Shoup, S. C.: Readings, a.a.O., passim. — In der neueren Literatur (Recktenwald, H. C.: Steuerüberwälzungslehre, a.a.O.; Musgrave, R. A.: Finanztheorie, a.a.O.) werden die bekannten Argumente meist kommentarlos übernommen. Ein neuer Lösungsversuch ist unseres Wissens nicht unternommen worden.

geschieht. Für die weitere Untersuchung ist es notwendig, die möglichen Annahmen über die Grenzrate der Substitution[6] von Einkommen und Freizeit herauszuarbeiten.

1. Annahme: Konstanter Grenznutzen von Einkommen und Freizeit.

Trägt man in einem Koordinatensystem das Einkommen (*Y*) auf der Ordinate und die Freizeit (*L*) auf der Abszisse auf, so besteht das Indifferenzkurvensystem für diesen Fall aus parallelen Geraden (I_1, I_2, I_3), die von rechts unten nach links oben ansteigen (Figur 2).

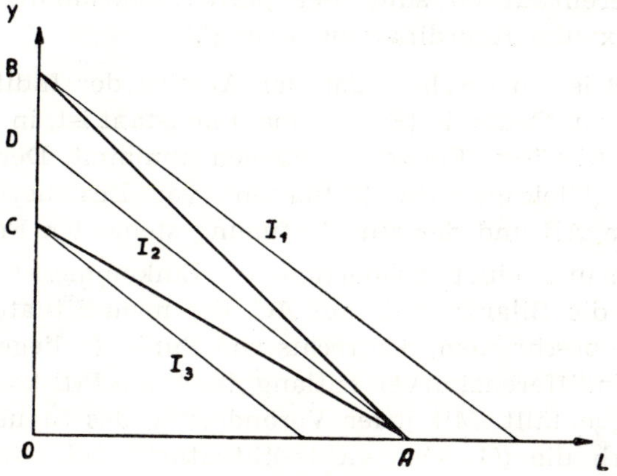

Figur 2

Ist die Bilanzgerade[7] durch *AB* gegeben, wird der Arbeiter (wiederum im weitesten Sinne des Wortes: Anbieter von Arbeit) seine gesamte verfügbare Zeit zur Erzielung von Einkommen (*OB*) verwenden, da der Anstieg der Bilanzgeraden steiler ist als der der Indifferenzkurve I_2; das höchste erreichbare Nutzenniveau ist nun I_1. Ist der Anstieg der Bilanzgeraden (*AC*) aber geringer als der der Indifferenzkurve (I_2), so wird die Situation (Versorgungslage) im Punkt *A* aufrecht erhalten, da I_2 das höchstmögliche Indifferenzniveau (Versorgungsniveau) darstellt, d. h. daß die gesamte verfügbare Zeit als Freizeit (*OA*) verwendet wird.

Nun stellt sich die Frage: Wie wird das Arbeitsangebot des einzelnen Anbieters beeinflußt, wenn die Bilanzgerade *AB* durch die Auflage einer proportionalen Einkommensteuer nach unten verschoben wird?

---

6 Vgl. *Stackelberg*, H.: Grundlagen, a.a.O., S. 112 f.

7 Gleichbedeutend werden auch die Begriffe Bilanzlinie, Lohngerade und opportunity line verwendet.

Solange der Steuersatz geringer ist als *DB/OB* wird das Arbeitsangebot nicht beeinflußt; es werden weiterhin die maximalen Arbeitsstunden angeboten. Übersteigt der Steuersatz *DB/OB*, was ein Sinken der Bilanzgeraden unter *AD* bewirkt, wird das Arbeitsangebot auf Null reduziert, also zur Gänze zurückgezogen.

Ohne weitere Überlegung wird klar, daß diese Alternativen absurd und daher in der Wirklichkeit nicht anzutreffen sind.

2. Annahme: Konstanter Grenznutzen des Einkommens und abnehmender Grenznutzen der Freizeit.

Die Indifferenzkurven sind hier positiv gekrümmt, d. h. sie verlaufen konvex zum Koordinatenursprung[8].

Aus Figur 3 ist zu ersehen, daß der Anstieg der Indifferenzkurvenschar parallel zur Ordinate (Einkommen) konstant ist, in positiver Zählrichtung der Abszisse (Freizeit) hingegen abnimmt. Der Punkt P_1 beschreibt die (Gleichgewichts-)Situation[9] vor Besteuerung bei einer Bilanzgeraden *AB* und der zur Verfügung stehenden Freizeit *OA*.

Bei Einführung einer proportionalen Einkommensteuer zum Satz *CB/OB* sinkt die Bilanzgerade auf *AC*. Die neue Situation wird durch den Punkt P_2 beschrieben, der rechts von Punkt P_1 liegen muß, da der Anstieg der Indifferenzkurven entlang der Linie P_1E konstant ist, nach rechts hingegen fällt. Mit jeder Veränderung des Steuersatzes verändert sich auch die (Gleichgewichts-)Situation, und zwar entlang der Reaktionskurve $P_1P_2P_3A$. Leitet man die Arbeitsangebotskurve aus der Reaktionskurve ab[10], so wird die hemmende Wirkung der proportionalen Einkommensteuer auf das Arbeitsangebot deutlich.

---

[8] Die näheren Erläuterungen finden sich bei *Stackelberg*, H.: Grundlagen, a.a.O., S. 113 f.

[9] Indem wir den Begriff Gleichgewicht in Klammer setzen, wollen wir der Wendung von der Gleichgewichtsanalyse zur Verlaufsanalyse Rechnung tragen. Wir zitieren *Schneider*, E.: Das Gesicht der Wirtschaftstheorie, a.a.O., S. 10: „Die Frage nach dem Gleichgewicht erscheint jetzt von durchaus sekundärer Bedeutung. An erster Stelle steht hier das Problem, wie die individuellen Dispositionen zustande kommen, welcher tatsächliche Verlauf durch ihr Zusammenwirken entsteht und wie umgekehrt die Diskrepanz zwischen individuellen Erwartungen, die den ursprünglichen Dispositionen zugrunde liegen, und den Tatsachen Änderungen in den Dispositionen hervorruft. Hat man dieses Problem in den Griff bekommen, dann ergibt sich die Lösung des Gleichgewichtsproblems sozusagen von selbst. Gleichgewicht herrscht offenbar dann und nur dann, wenn jedes Individuum keinen Anlaß hat, seine Dispositionen zu ändern, d. h. wenn jedes Individuum seine Erwartungen erfüllt sieht."

[10] Für dieses Verfahren gibt *Musgrave*, R. A.: Finanztheorie, a.a.O., S. 187, in Anmerkung 1 folgende Anleitung: „Um die Angebotskurve von der Reaktionskurve ... abzuleiten, muß man die Freizeit, die bei den verschiedenen Lohnsätzen von der potentiellen Freizeit OA zurückbehalten wird, abziehen und die so erhaltene Arbeitszeit zu den entsprechenden Lohnsätzen in die Figur einzeichnen."

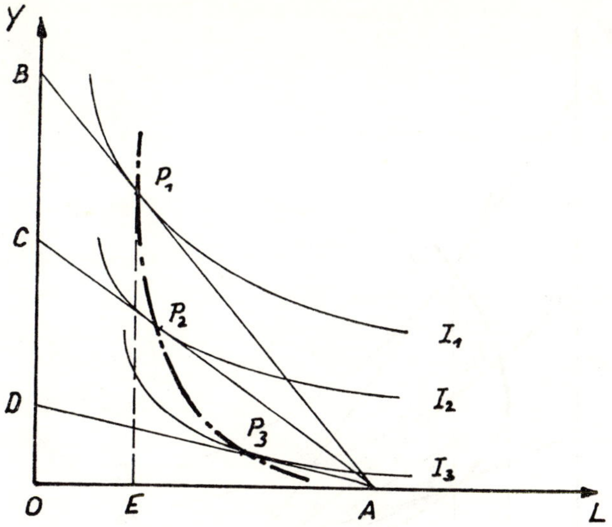

Figur 3

Die Erklärung ist auch mit Hilfe der Begriffe Substitutions- und Einkommenseffekt möglich. Der Substitutionseffekt der proportionalen Einkommensteuer senkt das Arbeitsangebot. Einen kompensierenden Einkommenseffekt gibt es bei der Annahme 2 nicht, da hier der Grenznutzen des Einkommens konstant ist. So ist im Punkt P_1 das Verhältnis des Grenznutzes der Freizeit zum Grenznutzen des Einkommens gleich dem Lohnsatz. Die Auferlegung der Steuer verringert den Lohnsatz; die Situation nach der Besteuerung wird durch P_2 ausgedrückt. „Da aber der Grenznutzen des Einkommens konstant angenommen wird, muß das Verhältnis der beiden Grenznutzen bei einer Verringerung des Grenznutzens der Freizeit reduziert werden. Das bedeutet, daß die Freizeit erhöht werden muß. Je kleiner die Veränderung der Grenznutzenkurve der Freizeit innerhalb des relevanten Bereichs, desto größer sind die erforderliche Erhöhung der Freizeit und die erforderliche Verringerung des Arbeitseinsatzes[11]."

3. Annahme: Konstanter Grenznutzen der Freizeit und abnehmender Grenznutzen des Einkommens.

Dieser Fall ist graphisch in Figur 4 dargestellt. Die Indifferenzkurven verlaufen wieder konvex zum Koordinatenursprung, doch ist jetzt der Anstieg der Kurvenschar parallel zur Abszisse konstant, während er sich parallel zur Ordinate vergrößert.

---

[11] *Musgrave,* R. A.: Finanztheorie, a.a.O., S. 187.

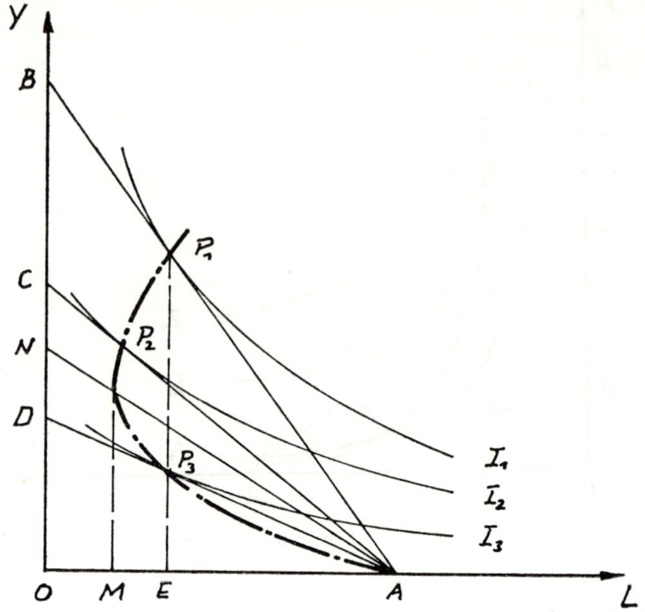

Figur 4

Durch die Auferlegung einer proportionalen Einkommsteuer fällt die Bilanzgerade von *AB* nach *AC*; die Situation nach Besteuerung wird durch den Punkt P_2 ausgedrückt, der links von P_1 liegt. P_2 könnte aber auch rechts von P_1 liegen; dies deshalb, weil der Anstieg der Indifferenzkurvenschar parallel zur Abszisse konstant, parallel zur Ordinate dagegen zunehmend ist. Daraus erhellt, daß die Anpassung an die neue Situation einen Einkommenseffekt zugunsten der Arbeit und einen Substitutionseffekt zugunsten der Freizeit erfordert. Ob das Arbeitsangebot steigt oder sinkt, hängt vom Überwiegen des Einkommenseffektes bzw. des Substitutionseffektes ab.

Für die weiteren Überlegungen dient die Reaktionskurve $P_1P_2P_3A$. Aus einem derartigen Verlauf der Reaktionskurve ist deutlich zu erkennen, daß bei einem Steuersatz *NB/OB* ein markanter Punkt erreicht wird: Das Arbeitsangebot erreicht ein Maximum (*MA*). Bei einer weiteren Erhöhung des Steuersatzes, z. B. auf *DB/OB* wird das Arbeitsangebot auf den Stand vor der Steuerauflage (*EA*) reduziert (Situation P_3). Ist der Steuersatz nur *CB/OB*, wird das Arbeitsangebot erhöht (Situation P_2). Für eine erweiterte Erläuterung der Annahme 3 soll die Darstellung *Coopers*[12] herangezogen werden.

[12] Vgl. *Cooper*, G.: Taxation and Incentive, a.a.O., S. 472 ff.

Er geht aus von der Nutzenfunktion

$$n = \varnothing (l, y) \ ,$$

in der n den Nutzen, l die Freizeit und y das verfügbare Einkommen bedeuten. Bei Auferlegung einer proportionalen Einkommensteuer a und einem Bruttoeinkommen g ist das verfügbare Einkommen

$$y = (1 - a) \cdot g$$

Ist der Lohnsatz w, die Gesamtheit der verfügbaren Zeit (pro Zeiteinheit, z. B. eine Woche) k, dann ist

$$y = (1 - a) \cdot [w (k - l)] \ ,$$

wobei $(k - l)$ das Arbeitsangebot (z. B. Stunden pro Woche) ausdrückt. Maximiert der einzelne Anbieter seinen Nutzen (nur abhängig von Einkommen und der Freizeit!), dann erhält man

$$\frac{\varnothing l (l, y)}{\varnothing y (l, y)} = (1 - a) \cdot w$$

Das heißt, daß das Individuum bis zu dem Punkt Arbeit anbietet, an dem das Verhältnis des Grenznutzens der Freizeit zum Grenznutzen des Einkommens gleich dem Lohnsatz nach Besteuerung ist. Aus der letzten Gleichung wird klar, daß das Verhältnis der Grenznutzen fallen muß, wenn der Steuersatz erhöht wird. Die Frage, ob daraus eine Erhöhung oder Verminderung des Arbeitsangebotes (oder: des Einkommens) resultiert, bleibt offen. *Cooper* argumentiert weiter: Der Nutzenmaximierung genügt die Bedingung[13]

$$[\varnothing_y + y \varnothing_{yy} - (k - l) \varnothing_{ly}] \frac{dl}{da} > 0$$

wobei bedeuten: Φ_y den Gesamtnutzen des Einkommens; $y \Phi_{yy}$ das verfügbare Einkommen multipliziert mit dem Satz, um den sich der Grenznutzen des Einkommens ändert, sobald das Einkommen steigt; $(k - l) \Phi_{ly}$ die Arbeitsstunden multipliziert mit dem Satz, um den sich der Grenznutzen der Freizeit ändert, sobald das Einkommen steigt; $\frac{dl}{da}$ ist die Änderung der Freizeit bei einem geringen Ansteigen von a.

Das Interesse gilt dem Vorzeichen und der Größe von $\frac{dl}{da}$.

---

13 Für diese Bedingung liefert *Cooper* einen allgemeinen Beweis im Anhang auf S. 491 f.

Aus der obigen Bedingung geht hervor, daß das Vorzeichen von $\frac{dl}{da}$ das gleiche wie jenes des Klammerausdrucks sein muß. Φ_y kann als positiv angenommen werden. $y\Phi_{yy}$ ist negativ, wenn die übliche Annahme vom abnehmenden Grenznutzen getroffen wird. Der Ausdruck $-(k-l)\,\Phi_{ly}$ ist negativ, wenn der Grenznutzen der Freizeit mit dem Einkommen steigt. Das Vorzeichen des Klammerausdrucks hängt demnach von der Größe der Glieder in ihm ab und kann a priori nicht bestimmt werden. Folglich kann $\frac{dl}{da}$ positiv oder negativ sein und es kann keine bestimmte Auskunft darüber gegeben werden, ob das Arbeitsangebot infolge einer Steuererhöhung ansteigen oder abnehmen wird. Diese Problematik soll noch graphisch anschaulich gemacht werden, wobei zwei unterschiedliche Indifferenzkurvenschemen angenommen werden (Figur 5 und Figur 6)[14].

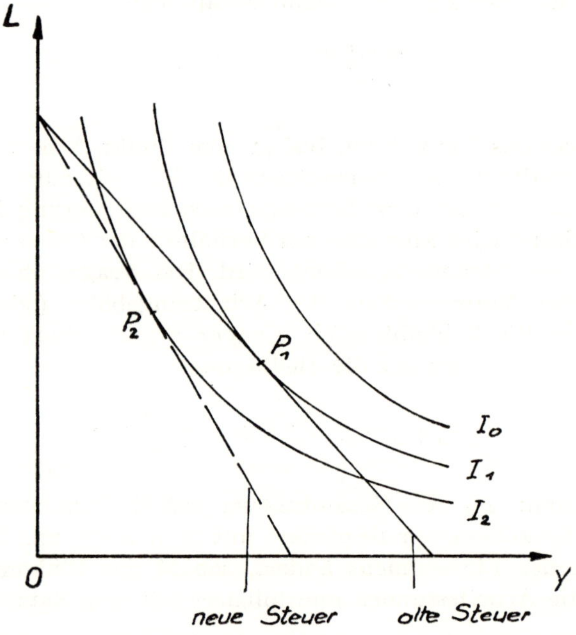

Figur 5

[14] Es wird die Darstellungsweise Coopers übernommen, der die Freizeit auf der Ordinate und das Einkommen auf der Abszisse abträgt, also genau umgekehrt zu unserer bisherigen Darstellungsform. Der Verdeutlichung des zu erklärenden Problems tut dies keinen Abbruch.

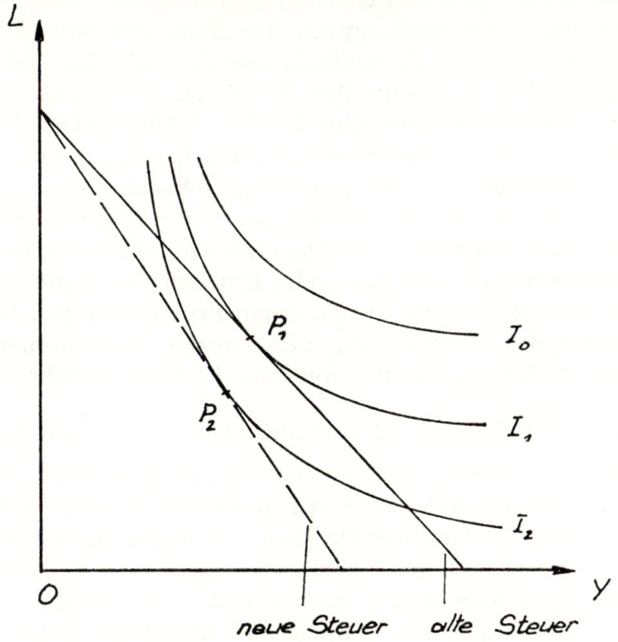

Figur 6

Gehen wir nun auf die Annahme 3 ein. Bei konstantem Grenznutzen der Freizeit ist der Ausdruck $-(k-l)\,\Phi_{ly}$ in *Coopers* Ungleichung gleich 0. Φ_y ist positiv. Entscheidend ist die Aussage über $y\,\Phi_{yy}$. $\frac{dl}{da}$ ist positiv, wenn $y\Phi_{yy}$ positiv ist, d. h. wenn die Elastizität der Grenznutzenkurve des Einkommens kleiner als 1 ist; das Arbeitsangebot sinkt. $\frac{dl}{da}$ ist negativ, wenn $y\Phi_{yy}$ negativ ist, d. h. wenn die Elastizität der Grenznutzenkurve des Einkommens größer als 1 ist; das Arbeitsangebot steigt. Das Arbeitsangebot bleibt unverändert, wenn $y\Phi_{yy}$ gleich Null ist, d. h. wenn die Elastizität der Grenznutzenkurve des Einkommens gleich 1 ist[15].

Bei *Musgrave*[16] ist dieser Zusammenhang folgendermaßen ausgedrückt: „Im Gleichgewicht vor der Steuerauflage ist das Verhältnis des Grenznutzens der Freizeit zum Grenznutzen des Einkommens wiederum dem Lohnsatz gleich. Da der Grenznutzen der Freizeit konstant

---

15 Es sei daran erinnert, daß die Elastizität dieser Kurve negativ ist, da ein abnehmender Grenznutzen des Einkommens unterstellt ist.

16 *Musgrave*, R. A.: Finanztheorie, a.a.O., S. 188 f.

angenommen wird, bleibt das Gleichgewicht ungestört und die Freizeit unverändert, wenn der Grenznutzen des Nettoeinkommens (nach Besteuerung) um denselben Prozentsatz ansteigt, wie der Nettolohnsatz abnimmt. Das trifft zu, wenn der Elastizitätskoeffizient der Grenznutzenkurve des Einkommens Eins beträgt. Ist ihre Elastizität kleiner als Eins, so ist der resultierende prozentuale Anstieg des Grenznutzens des Einkommens größer als die prozentuale Abnahme des Lohnsatzes. Damit ist das Verhältnis des Grenznutzens der Freizeit zum Grenznutzen des Nettoeinkommens bei den ursprünglich angebotenen Arbeitsstunden kleiner als der Lohnsatz. Um den Grenznutzen des Einkommens zu reduzieren und das Gleichgewicht von Nettolohnsatz und dem Verhältnis des Grenznutzens der Freizeit zum Grenznutzen des Einkommens wiederherzustellen, muß die Leistung erhöht werden."

4. Annahme: Abnehmender Grenznutzen von Einkommen und Freizeit.

Das ist die der Wirklichkeit am meisten entsprechende Hypothese. Die Indifferenzkurven sind auch hier konvex zum Koordinatenursprung; ihr Anstieg nimmt entlang der Ordinate von unten nach oben, entlang der Abszisse von rechts nach links zu. Wie schon bei Annahme 3 ist das Überwiegen des Einkommens- bzw. Substitutionseffektes ausschlaggebend für ein Steigen oder Fallen des Arbeitsangebotes. Auf eine graphische Darstellung kann hier verzichtet werden, weil alle Folgerungen auch aus Figur 4 ersichtlich werden. Die Richtung der Änderung des Arbeitsangebotes ist auch hier bestimmt durch die Gestalt der Grenznutzenkurve des Einkommens. Aus der Form der Grenznutzenkurve der Freizeit kann auf den Umfang der Änderung geschlossen werden[17].

Einen frühen indirekten Lösungsversuch — indirekt deshalb, weil sich die Argumentation ganz allgemein auf die Wirkung einer Änderung des Lohnsatzes bezieht — zum Problem der Wirkung der Besteuerung auf das Arbeitsangebot unter Annahme 4 liefert *Knight*. Er schreibt: „In so far as men act rationally — i.e., from fixed motives subject to the law of diminishing utility — they will at a higher rate divide their time between wage-earning and non-industrial uses in such a way as to earn *more money*, indeed, but to work *fewer hours*. Just where the balance will be struck depends upon the shape of the curve of comparison between money (representing the group of things purchasable with money) and leisure (representing all non-pecuniary, alternative uses of time). We therefore draw our momentary supply line in terms of price with some downward slope[18]."

---

[17] *Musgrave*, R. A.: *Finanztheorie*, a.a.O., S. 190.
[18] *Knight*, F. H.: Risk, Uncertainty and Profit, London 1933, S. 117.

Diese Behauptung versucht er mit folgender Überlegung näher zu erläutern: „Suppose that at a higher rate per hour or per piece, a man previously at the perfect equilibrium adjustment works as before and earns a proportionally larger income. When, now, he goes to spend the extra money, he will naturally want to increase his expenditures for many commodities consumed and to take on some new ones. To divide his resources in such a way as to preserve equal importance of equal expenditures in all fields he must evidently lay out part of his new funds for increased leisure; i. e., buy back some of his working time or spend some of his money by the process of not earning it. The conclusion is enforced by the important practical consideration that the expenditure of money also requires time and energy which must be saved from the work period if the best results are to be secured[19]."

Knights Aussage drückt vereinfacht folgendes aus: Die Auflage einer Steuer wird immer zu einer Erhöhung des Arbeitsangebotes des Einzelnen führen; eine Erhöhung des Lohnsatzes wird zu einem Rückgang des Arbeitsangebotes führen. Entspräche diese Hypothese der Wirklichkeit, hätten die Finanzminister heutiger Regierungen ein großes Problem weniger zu lösen. Die Behauptungen *Knights* blieben zumindest in der Literatur fast ein Jahrzehnt unwidersprochen.

Als erster uns bekannter Kritiker dieser Hypothesen trat *Robbins*[20] auf: „Prof. *Knights* Argumentation geht davon aus, daß die Güterpreise, die das Realeinkommen bestimmen, unverändert bleiben. Das ist vermutlich richtig, soweit es Geldpreise angeht. Die relevante Auffassung in diesem Zusammenhang ist aber nicht der *Geldpreis,* sondern der *Arbeitspreis* und eine Änderung des Satzes . . . (Erhöhung des Lohnsatzes, d. Verf.), zu dem Geldeinkommen verdient werden kann, bei gleichbleibenden Geldpreisen, *begründet* eine Änderung im Arbeitspreis der Güter[21]."

Der Geldpreis bleibt bei ansteigendem Lohnsatz gleich, der Arbeitspreis hingegen fällt. Ist das der Fall, schließt Robbins daraus zurecht, bleibt die Frage weiterhin offen, „ob mehr oder weniger ‚Arbeitsanstrengung' für Güter aufgewendet wird. Das hängt von der Einkommenselastizität der Nachfrage ausgedrückt in ‚Arbeitsanstrengung' ab[22]."

Im Beispiel Knights wird Freizeit durch Verzicht auf Einkommen erkauft. Das Konzept Robbins kann darauf leicht angewendet werden;

---

19 *Knight,* F. H.: Risk, Uncertainty, a.a.O., S. 117, Anm. 1.

20 *Robbins,* L.: On the Elasticity, a.a.O., S. 123—129.

21 *Robbins,* L.: On the Elasticity, a.a.O., S. 127. Hervorhebungen von Robbins. Der englische Ausdruck effort price wurde mit Arbeitspreis übersetzt. Effort bedeutet eigentlich Anstrengung. Der wiedergegebene Sachverhalt wird dadurch aber nicht verzerrt.

22 *Robbins,* L.: On the Elasticity, a.a.O., S. 127. Hervorhebung vom Verfasser.

demnach hat die Freizeit einen Realeinkommenspreis. Wenn nun der Geldlohnsatz bei gleichbleibenden Güterpreisen steigt, steigt auch der Realeinkommenspreis der Freizeit, wobei die Kosten der Freizeit in verzichtetem Realeinkommen ausgedrückt werden. Steigt nun der Preis der Freizeit, so ist es durchaus nicht sicher, daß aus einem gestiegenen Realeinkommen mehr davon „gekauft" wird. Um darüber eine Aussage machen zu können, müssen vorher die Elastizitätsverhältnisse geklärt werden.

Zur näheren Erläuterung der Kritik an den Hypothesen Knights müssen wir auf den Lösungsversuch von Robbins eingehen. Weiter oben ist schon deutlich geworden, daß seine Argumentation darauf hinausläuft, daß das Verhältnis zwischen Arbeitsangebot und Einkommen von der Einkommenselastizität der Nachfrage ausgedrückt in Arbeitsanstrengung abhängt. Ist diese kleiner als 1, dann gilt die Hypothese von Knight; ist sie größer als 1, tritt die gegenseitige Wirkung ein.

Robbins bietet eine geometrische Lösung an[23]. (Figur 7.)

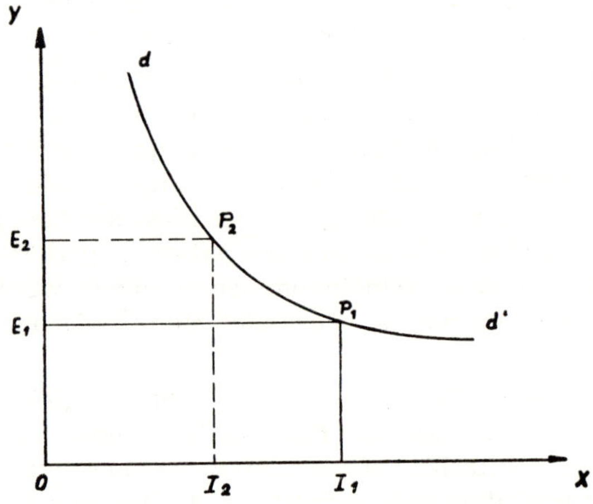

Figur 7

Auf der Ordinate wird der Arbeitspreis pro Einkommenseinheit, auf der Abszisse das Einkommen abgetragen[24]. Durch *dd'* wird die Nachfragekurve dargestellt. Ist z. B. der Arbeitspreis des Einkommens OE_1, dann ist das Einkommen OI_1; das Arbeitsangebot wird in diesem Fall durch das Rechteck $OE_1P_1I_1$ ausgedrückt.

23 Vgl. *Robbins*, L.: On the Elasticity, a.a.O., S. 123 f.

24 Diese Konstruktion unterscheidet sich von der für die Güterpreisanalyse dadurch, daß nicht Geldpreise, sondern Arbeitspreise herangezogen werden.

Wird durch die Auferlegung einer Einkommensteuer der Arbeitspreis von E_1 nach E_2 verschoben, wird sich auch das Einkommen von I_1 nach I_2 verschieben; die Änderung des Arbeitsangebotes zeigt sich im Unterschied zwischen $OE_1P_1I_1$ und $OE_2P_2I_2$. Entscheidend ist die Elastizität der Kurve *dd'* in diesem Bereich. Ist sie größer als 1, wird die Differenz negativ sein, d. h. daß das Arbeitsangebot sinken wird; ist sie kleiner als 1, wird die Differenz positiv sein, d. h. daß das Arbeitsangebot steigen wird.

Goode hat den gleichen Gedanken nur anders ausgedrückt: „In more formal terms, we may say that imposition of an income tax is equivalent to a reduction in price of leisure and that, like other price reductions, it has a substitution effect and an income effect. The substitution effect suggests that more leisure will be bought at a lower price. The income effect, however, is less clear[25]."

Diese rein formale Analyse — das gilt auch für alle anderen bisher genannten Lösungsvorschläge — bedarf zur Belebung einer empirischen Untersuchung. Ob die Elastizität im entscheidenden Bereich größer oder kleiner als 1 ist, hängt von der subjektiven Nutzenschätzung von Arbeit und Freizeit durch den einzelnen Anbieter ab. Diese Nutzenschätzung ist wiederum bedingt durch das soziologische und kulturelle Milieu.

Aus der Darstellung der Hypothesen über das Präferenzsystem ist klar geworden, daß es sich dabei um das theoretische Grundproblem jeglicher Analyse über die Wirkung der Besteuerung auf das Arbeitsangebot handelt. Beim Studium der bisherigen Lösungsversuche muß man annehmen, daß somit die Theorie ihre Aufgabe als erfüllt, d. h. soweit theoretisch möglich das Problem als gelöst betrachtet. Diese Ansicht wird allerdings an keiner Stelle ausdrücklich vertreten; manchmal kann man die Resignation vor der „Unlösbarkeit" des Problems herauslesen.

β) Die Wirkungen der Progression auf das Arbeitsangebot

Da die Einkommensteuersysteme der meisten hochentwickelten Staaten[26] progressiv ausgestaltet sind, ist es von Interesse, die sich aus der Progression ergebenden Konsequenzen besonders herauszustellen.

---

[25] *Goode*, R.: The Income Tax, a.a.O., S. 457.

[26] Eine bemerkenswerte Ausnahme bildet die Sowjetunion, die auf die Einkommensteuerprogression weitgehend verzichtet. „... es ist ... charakteristisch für die Eingliederung des Steuersystems in das Wirtschaftssystem, daß die Progression des Einkommensteuertarifs jenseits einer bestimmten mittleren Höhe einem gleichbleibenden *proportionalen Steuersatz* Platz macht. Die sowjetische Planwirtschaft geht davon aus, daß die Entlohnung genau der

Die Argumentation erfolgt an Hand von Figur 8.

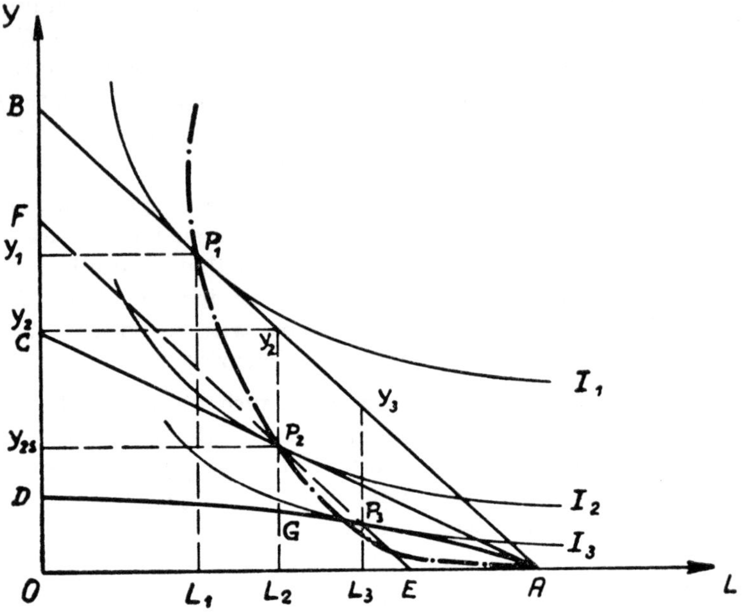

Figur 8

Die Ausgangssituation ist folgende: *AB* ist die Bilanzgerade (Lohnkurve), die Situation des Anbieters von Arbeit wird durch P_1 ausgedrückt. Demnach erzielt er ein Einkommen von OY_1, wofür er AL_1 Stunden arbeitet; als Freizeit verbleiben ihm OL_1 Stunden.

Die Fragestellung lautet: Welche unterschiedlichen Wirkungen auf das Arbeitsangebot können festgestellt werden, wenn durch Auferlegung einer Steuer mit proportionalem bzw. progressivem Tarif ein bestimmtes Aufkommen erzielt werden soll?

Betrachten wir zunächst den Fall einer proportionalen Steuer, die die Bilanzgerade nach *AC* verschiebt. Die Situation nach Besteuerung zeigt P_2, wobei OY_2 das Brutto- und OY_{2s} das Nettoeinkommen darstellen. Die zurückbehaltene Freizeit ist jetzt OL_2. Für den Fall der Progression nehmen wir eine derartige Tarifkonstruktion an, daß sich eine

Leistung entspricht, so daß hohe Einkünfte als Belohnung für besondere Leistungen gelten; es wäre sinnlos, dieses Entlohnungssystem durch hohe progressive Einkommensteuersätze nachträglich wieder zu desavouieren." — *Schmölders*, G.: Steuersystem und Wettbewerbsordnung, in: Ordo, Bd. 3 (1950), S. 135—171, hier S. 140 f. (Hervorhebung von Schmölders).

Bilanzgerade (Nettolohngerade) *AD* ergibt. Die Situation des Anbieters wird nun durch P_3 ausgedrückt, der im Schnittpunkt von *AD* und *EF* liegt. *EF* ist eine Parallele zur Bilanzgeraden vor Besteuerung. Der Bedingung, daß durch den proportionalen und den progressiven Tarif das gleiche Aufkommen erzielt werden soll, ist dadurch entsprochen ($Y_2P_2 = Y_3P_3$). Das Ausmaß der Freizeit beträgt jetzt OL_3 und ist damit größer als bei einer proportionalen Steuer.

In Figur 8 liegen die Punkte P_2 und P_3 rechts von P_1, P_3 wiederum rechts von P_2; dies ist in der Form der Indifferenzkurven begründet. Der Anstieg von *AD* im Punkt *G* muß flacher sein als der von *AC* im Punkt P_2. Da der Marginalsatz der Steuer höher ist, muß der Grenzlohnsatz niedriger sein. Bei abnehmendem Grenznutzen des Einkommens liegt der Tangentialpunkt von *AD* mit einer Indifferenzkurve (I_3) *niedriger* als P_2; bei abnehmendem Grenznutzen der Freizeit muß der Tangentialpunkt *rechts* von P_2 liegen.

Aus Figur 8 ist schließlich noch zu ersehen, daß P_3 oberhalb der Reaktionskurve AP_2P_1 liegt. Die Reaktionskurve ergibt sich aus der Reaktion auf verschiedene proportionale Steuersätze[27]. Daraus wird schlüssig, daß ebenso wie die Freizeit bei einer progressiven Steuer mit dem gleichen Aufkommen größer ist, das Aufkommen einer proportionalen Steuer bei gleicher Freizeit größer sein wird[28].

Musgrave weist darauf hin, daß hinsichtlich der Wirkungen der Progression auf das Arbeitsangebot eine Unterscheidung zwischen dem Angebot des Individuums und dem der Gruppe als Ganzes (Einkommensgruppe) gemacht werden muß[29]. Auf eine theoretische Darstellung dieser Problematik kann hier verzichtet werden; bei der Behandlung der empirischen Lösungsversuche wird sie uns wieder begegnen.

bb) Die Berufswahl und die Besteuerung des Arbeitseinkommens

Das work-leisure-Problem ist zweifellos der wichtigste Aspekt bei der Untersuchung der Wirkung der Besteuerung des Arbeitseinkommens auf das Arbeitsangebot. Damit sind aber die Möglichkeiten nicht erschöpft, durch die die Einkommensbesteuerung einen Einfluß auf das Arbeitsangebot ausüben kann. Von großer Bedeutung erscheint einigen Autoren[30] deren Auswirkung auf die Berufswahl[31].

---

[27] Vgl. dazu die Figuren 3 und 4.

[28] Vgl. *Musgrave,* R. A.: Finanztheorie, a.a.O., S. 194.

[29] Vgl. *Musgrave,* R. A.: Finanztheorie, a.a.O., S. 192 f.

[30] Vgl. *Goode,* R.: Income Taxation and Job Selection, in: NTJ, Bd. 11 (1958), S. 78—83.

[31] Unter Berufswahl ist im erweiterten Sinne auch (oder vor allem) die Wahl der Beschäftigung zu verstehen.

Die Möglichkeit der steuerlichen Diskriminierung[32] besteht nicht nur in der Nichtneutralität gegenüber verschiedenen Einkommensquellen, sondern auch darin, daß jede wie immer gestaltete Einkommensteuer nur Einkommen in Geld, Waren und Dienstleistungen erfassen kann. Neben der Entlohnung hat aber jede Stellung auch nichtmonetäre Merkmale wie Sicherheit (sowohl Sicherheit des Arbeitsplatzes als auch Sicherheit am Arbeitsplatz), Prestige, gutes Arbeitsklima bzw. deren Gegenteil. Die Einkommensbesteuerung benachteiligt die monetäre Komponente, indem sie deren Nettobetrag vermindert zugunsten der nichtmonetären Komponenten, die sie unverändert beläßt[33].

Man wird versucht, daraus eine Tendenz hin zu jenen Stellungen abzuleiten, die nichtmonetäre Einkommensbestandteile anbieten. Man darf aber nicht übersehen, daß „the income tax, in effect, reduces the cost of enjoying the favorable non-monetary factors which many less highly paid occupations offer (by decreasing the amount of after tax income in the more highly paid but less pleasant job which is forgone when a more pleasant job is selected), it simultaneously reduces money income thereby increasing the marginal utilities of the things purchased with money[34]."

Daraus erhellt, daß die Besteuerung auch bei der Berufswahl Reaktionen auslöst, die sich sowohl als Substitutionseffekt als auch als Einkommenseffekt äußern können. Die Wahl wird daher vom dominierenden Einfluß abhängen.

Wir wollen nun in Anlehnung an *Wessel* eine Analyse der Wahl der Beschäftigung machen; daran anschließend erfolgt eine Darstellung des steuerlichen Einflusses auf die Wahl der Beschäftigung.

α) Die Analyse der Wahl der Beschäftigung

Angenommen sei eine Person, die zwei Beschäftigungen ausführen könnte, sich aber für eine entscheiden muß. Es gilt also nicht die übliche Indifferenzdarstellung, in der die Kurven gleichwertige Kombinationen bedeuten. Das Verhältnis zwischen Arbeit und Freizeit wird in jedem Punkt des Diagramms für beide Beschäftigungen als optimal angenommen.

---

32 Goode schreibt, daß die Einkommensteuer auf die Attraktivität verschiedener Beschäftigungen wirkt, „because of differences in (1) the adequacy of deductions allowed for necessary costs of earning income (Werbungskosten und Sonderausgaben, d. Verf.), (2) the extent to which returns from various types of work enter into the tax base, (3) the tax rates applicable to money incomes expected to be equivalent over time, and (4) the effectiveness of tax enforcement." — *Goode,* R.: The Income Tax, a.a.O., S. 461.

33 Vgl. *Wessels,* R. H.: Income Taxation, a.a.O., S. 79.

34 *Wessel,* R. H.: Income Taxation, a.a.O., S. 79.

Sind die nichtmonetären Faktoren in beiden Stellungen gleich (*OY* in Figur 9), wird das höhere Gehalt entscheiden (Punkt *Q* in Figur 9 liegt über *OY*, daher Entscheidung für Beschäftigung *B*).

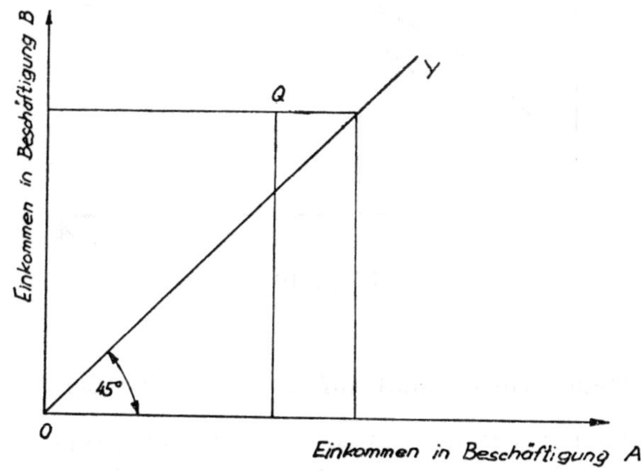

Figur 9

Auf der Geraden *OY* („Indifferenzkurve") liegen die Punkte gleicher Alternativen, d. h. bei gleicher Entlohnung und gleichen nichtmonetären Faktoren verhält sich das Individuum gegenüber beiden Beschäftigungen indifferent.

Weist eine der beiden Beschäftigungen günstigere nichtmonetäre Elemente auf, verläuft die Linie gleicher Alternativen nicht mehr unter einem Winkel von 45°. Eine solche Möglichkeit ist in Figur 10 dargestellt. Die „Linie" gleicher Alternativen ist hier als Kurve (*XY*) dargestellt. Sie könnte auch eine Gerade sein, die oberhalb oder unterhalb der 45°-Linie verläuft; in diesem Fall würden die Gehaltszunahmen in beiden Beschäftigungen in einem konstanten Verhältnis bewertet werden. In Figur 10 wurde aber die Tatsache berücksichtigt, daß die Bedeutung der nichtmonetären Einkommensfaktoren einer Stellung je nach Einkommensniveau beträchtlich variieren kann. Was nützt z. B. einem Arbeiter mit großer Familie viel Freizeit (etwa zum Reisen), wenn sein Einkommen gerade den Lebensunterhalt deckt. Andererseits mag das Geldeinkommen an Bedeutung verlieren, wenn einmal ein bestimmtes Einkommensniveau erreicht ist. *XY* wird daher in einem Punkt die 45°-Linie kreuzen und in den oberen Einkommensbereichen fast parallel zur *X*-Achse sein.

Daß die Kurve gleicher Alternativen nicht im Ursprung beginnt, erklärt sich aus der Notwendigkeit eines bestimmten Mindesteinkommens.

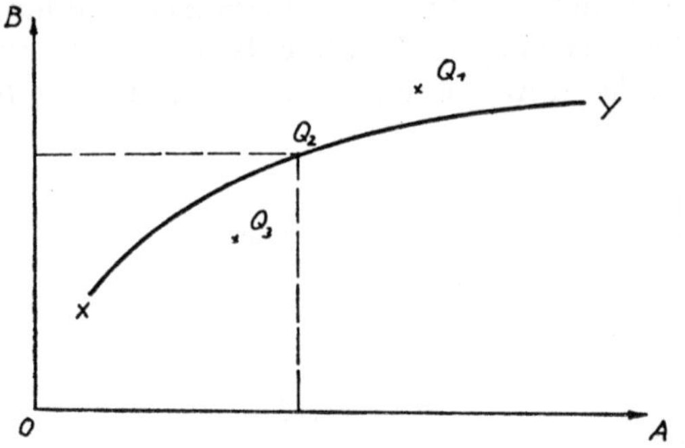

Figur 10

β) Der steuerliche Einfluß auf die Wahl der Beschäftigung

In Figur 11 ist der Einfluß einer proportionalen und einer progressiven Einkommensteuer auf die Wahl der Beschäftigung *A* oder *B* dargestellt; im übrigen gelten die Ausführungen zu Figur 10.

Die Einkommenssituation vor Besteuerung ist durch den Punkt Q_1 beschrieben; die Entscheidung fiele zugunsten von Beschäftigung *B* aus. Die Situation nach Auflage einer proportionalen Steuer wird durch einen Punkt auf der Geraden *OS* beschrieben. Da eine proportionale Steuer die Einkommen in beiden Beschäftigungen um den gleichen Prozentsatz vermindert, bleibt das Verhältnis unverändert. Ist die Steuerauflage so groß, daß die Einkommenssituation nach Besteuerung durch Q_3 gegeben ist, dann wird der Arbeitnehmer zur Beschäftigung *A* überwechseln.

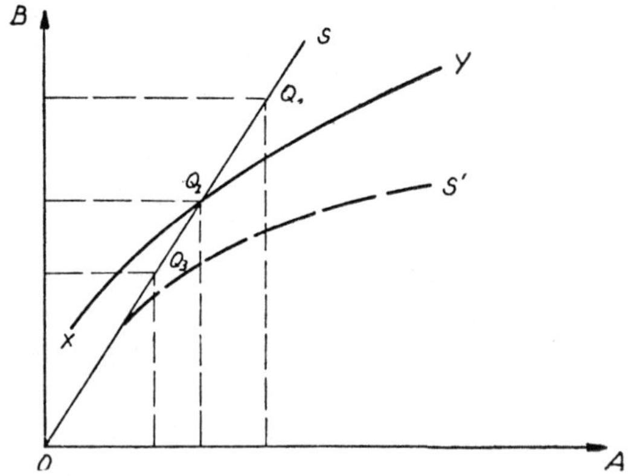

Figur 11

Bei progressivem Steuersatz wird die Situation nach Besteuerung auf der Kurve *OS'* realisiert. Offensichtlich wird durch progressive Besteuerung die Wahrscheinlichkeit eines Wechsels von Beschäftigung *B* zu Beschäftigung *A* erhöht.

In den bisher beschriebenen Fällen (Wechsel zur Beschäftigung mit mehr nichtmonetären Vorteilen) hat der Substitutionseffekt dominiert. Der Zusammenhang bei Dominanz des Einkommenseffektes wird in Figur 12 gezeigt. Ohne Besteuerung des Einkommens (Q_1) würde die Beschäftigung *A* gewählt. Ist das Einkommen nach Erhebung einer proportionalen Steuer Q_3, dann wird die Beschäftigung *B* gewählt. Aus der graphischen Darstellung geht weiter hervor, daß eine progressive Steuer den Einkommenseffekt reduziert.

Es ist noch nachzutragen, daß diese Analyse die völlige Freiheit bei der Änderung der Beschäftigung unterstellt. In der Wirklichkeit wird es allerdings häufig Einschränkungen geben, vor allem aus persönlichen Rücksichten.

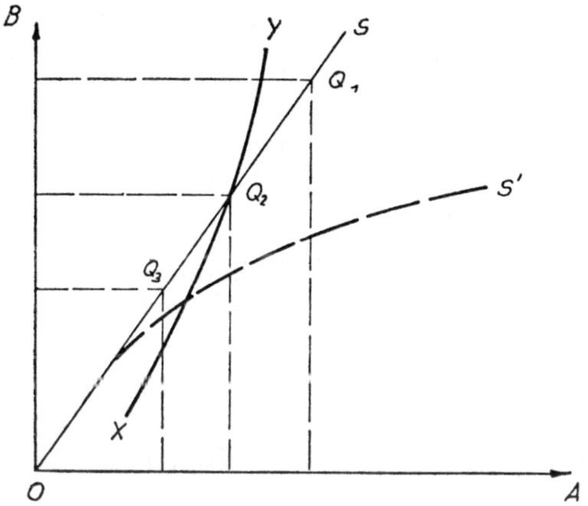

Figur 12

Diese Überlegungen gelten mit geringen Einschränkungen für junge Leute, die vor der Entscheidung über ihre Karriere stehen. Dazu meint *Goode* noch, daß „the lack of amortization of investment in vocational training discriminates against professional work, wether salaried or independent[35].“

---

[35] *Goode*, R.: The Income Tax, a.a.O., S. 467.

b) Die Wirkung der Besteuerung von Arbeits- und Kapitaleinkommen auf das Arbeitsangebot

Nach unserer Kenntnis der Literatur wurde noch kein simultaner Lösungsansatz für dieses Problem versucht. Für die Bestimmung der Wirkungen einer Steuer auf das Arbeitseinkommen gelten die bisher behandelten Grundsätze. Wie aber wird die Entscheidung zwischen Einkommen und Freizeit durch zusätzliche Kapitaleinkünfte beeinflußt?

Mutmaßungen darüber finden sich bei *Musgrave* und *Kaldor*[36]. Die aus der Besteuerung folgenden Einkommens- und Substitutionswirkungen können durch Kapitaleinkünfte beeinflußt werden. In den meisten Fällen wird es zu einer Verstärkung des Einkommenseffektes im Vergleich zum Substitutionseffekt kommen, wodurch die leistungshemmende Wirkung der Besteuerung des Arbeitseinkommens vermindert wird.

Musgrave macht noch eine interessante Differenzierung. Er betrachtet zunächst eine Steuer, die nur von Einkünften aus vorher akkumuliertem Kapital erhoben wird. „Dann gibt es keinen Substitutionseffekt zugunsten von Freizeit. Da der Einkommenseffekt dem Wunsch nach Freizeit entgegenwirkt, wobei man durchweg annimmt, daß die Freizeit kein inferiores Gut ist, wird sie durch die Steuererhebung verringert, während die Arbeitsleistung vergrößert wird. Das Niveau der Arbeitsleistung ist somit höher, wenn ein bestimmtes Aufkommen von einer Steuer auf vorhandenes Kapital statt von einer Steuer auf Arbeitseinkünfte erzielt wird[37]."

Anders liegt der Fall, wenn nur Einkommen aus neuem Kapital zur Steuer herangezogen werden, also zukünftige Erträge aus Investitionen, die durch gegenwärtige Arbeitseinkünfte finanziert werden. „Eine solche Steuer diskriminiert den zukünftigen Konsum und begünstigt die Freizeit. Sie ist im Hinblick auf Freizeit und laufenden Konsum neutral, diskriminiert aber den zukünftigen Konsum zugunsten des gegenwärtgen Konsums. Dadurch entsteht ein Substitutionseffekt zugunsten der Freizeit und ein Einkommenseffekt, der sich ungünstig auf die Freizeit auswirkt. Das Nettoergebnis hängt von dem Gewicht der beiden Effekte ab. Bei einer solchen Steuer kann das Niveau der Arbeitsleistung durchaus höher sein als bei einer Steuer auf Arbeitseinkommen; die letztgenannte Steuer wirkt diskriminierend zugunsten der Freizeit im Vergleich sowohl zum gegenwärtigen als auch zum

---

[36] *Musgrave,* R. A.: Finanztheorie, a.a.O., S. 199 ff. — *Kaldor,* N.: The Income Burden of Capital Taxes, in: RESt, Bd. 9 (1942), S. 141—151, teilweise wiederabgedruckt und erweitert in Musgrave, R. A., und Shoup, L.: Readings, a.a.O., S. 393—415.

[37] *Musgrave,* R. A.: Finanztheorie, a.a.O., S. 199.

zukünftigen Konsum. Sie ist jedoch hinsichtlich des gegenwärtigen und des zukünftigen Konsums neutral. Allerdings ist ungewiß, ob die Arbeitsleistung bei der Steuer auf Lohneinkommen geringer sein wird. Das Ergebnis hängt von den verschiedenen Raten der Substitution zwischen laufendem Konsum, zukünftigem Konsum und Freizeit ab[38]."

c) Die Wirkung der Verbrauchsbesteuerung auf das Arbeitsangebot

Die Fragestellung lautet hier: Wie kann das Arbeitsangebot bei einer Verbrauchsteuer mit einheitlichem Satz mit dem Arbeitsangebot bei einer Einkommensteuer mit einheitlichem Satz verglichen werden?

Die Behandlung dieses Problems in der Literatur kann man unter dem englischen Titel „Direct versus Indirect Taxes" zusammenfassen[39]. Es ist schon einige Male festgestellt worden, daß eine Einkommensteuer den gegenwärtigen und in noch stärkerem Ausmaß den zukünftigen Konsum zugunsten der Freizeit diskriminiert. Diese Aussage gilt auch für eine Steuer auf den Konsum; sie ist jedoch neutral im Hinblick auf den gegenwärtigen und zukünftigen Konsum.

Es sei daran erinnert, daß ein variables Arbeitsangebot unterstellt worden ist. Wie stark nun eine Verbrauchsteuer dem Arbeitsangebot entgegenwirkt, hängt von den besonderen Bedingungen des jeweiligen Falles ab. „Die Arbeitsleistung ist bei der Verbrauchsteuer höher, sofern der zukünftige Verbrauch und die Arbeit einander ergänzen, während der gegenwärtige Konsum und die Arbeit konkurrierende Größen darstellen; sie ist bei der Einkommensteuer höher, wenn diese Beziehungen umgekehrt sind[40]."

Bei dieser Aussage ist unterstellt, daß jede Spartätigkeit zum Zwecke zukünftigen Konsums erfolgt. Für den Fall, daß Sparen für Zwecke dauernder Akkumulation berücksichtigt wird, ergeben sich weitere Komplikationen.

2. Die empirischen Lösungsversuche

a) Vorbemerkung

Es erscheint angebracht, die unseres Wissens bekanntesten Institutionen zu nennen, die sich mit der empirischen Erforschung der Steuerwirkungen beschäftigen.

---

38 *Musgrave,* R. A.: Finanztheorie, a.a.O., S. 199 f.

39 Vor allem im angelsächsischen Bereich wurden darüber ausgedehnte Diskussionen entfacht. Vgl. etwa *Henderson,* A. M.: The Case for Indirect Taxation, in: EJ, Bd. 58 (1948), S. 538—553; *Little,* I. M. D.: Direct versus Indirect Taxes, in: EJ, Band 61 (1951), S. 577—584; *Walker,* D.: The Direct-Indirect Tax Problem: Fifteen Years of Controversy, in: PF, Bd. 10 (1955), S. 153—177.

40 *Musgrave,* R. A.: Finanztheorie, a.a.O., S. 203.

Im deutschsprachigen Raum ist es das finanzwissenschaftliche Forschungsinstitut an der Universität Köln, das sich durch die Herausgabe der finanzwissenschaftlichen Forschungsarbeiten seit dem Jahre 1950 große Verdienste erworben hat[41]. Im angelsächsischen Sprachraum ist es die Graduate School of Business Administration an der Harvard University, deren empirische Studien besondere Beachtung verdienen. Will man die Forschungsrichtung dieser beiden Institutionen im allgemeinen bestimmen, so kann man das amerikanische Forschungsziel als zunächst einzelwirtschaftlich, das deutsche als vorwiegend volkswirtschaftlich bezeichnen.

Für die spezielle Fragestellung dieser Arbeit sind uns nur empirische Untersuchungen von anglo-amerikanischen Forschern bekannt geworden[42].

b) Kriterien für die Abgrenzung des Untersuchungsgebietes

Für einen Versuch der Systematisierung der empirischen Lösungsversuche zum Problem der Wirkung der Besteuerung auf das Arbeitsangebot bieten sich sachliche und personelle Einteilungsmerkmale an.

aa) Sachliche Kriterien

Als erstes sachliches Merkmal ist die Art der Steuer zu nennen, deren Wirkung auf das Arbeitsangebot untersucht werden soll. Es ist klar, daß die Einkommensteuer eine hervorragende Rolle spielt; in einigen Arbeiten wird von den übrigen Steuern überhaupt abstrahiert[43].

---

[41] In der „Neuen Folge“ (ab 1953) sind bisher 35 Arbeiten erschienen; die „Alte Folge“ (von 1950—1952) umfaßt 14 Bände. Näheres darüber bei *Dichgans*, H.: Die Schriftenreihe „Finanzwissenschaftliche Forschungsarbeiten“, in: Finanzwissenschaftliche Forschung und Lehre, a.a.O., S. 55—61.

[42] Die Arbeit der *Royal Commission* on the Taxation of Profits and Income, Report 2 (Cdm 9105), London 1954, war uns nicht zugänglich. — *Schmölders*, G.: Allgemeine Steuerlehre, a.a.O., S. 190, berichtet kurz darüber. Es wurde eine Untersuchung über die Wirkung der Besteuerung auf die Leistungsbereitschaft von 1429 Arbeitern in England und Wales durchgeführt. Die Ergebnisse seien kaum brauchbar, da in diesen (unteren) Einkommensgruppen das Wissen über Art und Maß der Besteuerung meist recht gering ist: „insbesondere ist der hier wirksam werdende Marginalsteuersatz wohl in den wenigsten Fällen genau bekannt“. Nur 3—5 % der befragten Personen kannten ihre Einkommensteuerschuld genau, aber 73 % der Männer und 60 % der Frauen sprachen von einer lähmenden Wirkung der Besteuerung auf die Arbeitsleistung. Dieses Ergebnis sei „nur aus der Wirkung entsprechender Schlagworte und Stereotype zu erklären“.

[43] *Break*, G. F.: Income Tax and Incentives to Work: An Empirical Study, in: AER, Bd. 47 (1957), S. 529—549; *Rolfe*, S. E. und *Furness*, G.: The Impact of Changes in Tax Rates and Method of Collection on Effort: Some Empirical

In umfangreicheren Studien werden auch die Wirkungen anderer Steuern auf das Arbeitsangebot untersucht[44].

Weitere sachliche Merkmale für die Abgrenzung des engeren Untersuchungsgebietes sind die Erhebungsart der Steuer[45], sowie die Wirkung der Steuer auf die Berufswahl[46].

bb) Personelle Kriterien

Noch größere Bedeutung als der sachlichen kommt der personellen Abgrenzung des Untersuchungsgebietes zu. Auf die Notwendigkeit einer derartigen Festlegung der Richtung der empirischen Forschung wird in allen in diesem Zusammenhang zitierten Arbeiten hingewiesen.

Die personelle Abgrenzung kann auf zweifache Art verstanden werden: 1. Man beschränkt sich auf die Untersuchung der Steuerwirkung auf das Arbeitsangebot bei einer bestimmten Berufsgruppe, z. B. den freiberuflich tätigen Wirtschaftstreuhändern und Rechtsanwälten[47] oder der Gruppe der Manager[48]. 2. Man untersucht die Steuerwirkung auf das Arbeitsangebot für bestimmte Einkommensgruppen.

c) Ergebnisse und Schlußfolgerungen

Wegen der Heterogenität der Untersuchungsgebiete der vorliegenden empirischen Lösungsversuche werden die Ergebnisse und Schlußfolgerungen jeder einzelnen Arbeit in chronologischer Reihenfolge behandelt.

aa) Die Studie Kimmels

Die Arbeit von Kimmel ist von der Themenstellung her die umfangreichste. Er stellt sich die Aufgabe, „to appraise the effects of specific taxes and taxes in general upon the major incentives which are essential to a dynamic and expanding economy[49]."

Observations, in: REStat, Bd. 39 (1957), S. 394—401; *Grubel,* H. G. und *Edwards,* D. R.: Personal Income Taxation and Choice of Professions, in: QJE, Bd. 78 (1964), S. 158—163.

[44] *Kimmel,* L. H.: Taxes and Economic Incentives, Washington 1950; *Sanders,* T. H.: The Effects of Taxation on Executives, Boston 1951.

[45] *Rolfe,* S. E. und *Furness,* G.: The Impact, a.a.O.

[46] *Grubel,* H. G. und *Edwards,* D. R.: Personal Income Taxation, a.a.O.

[47] Vgl. *Break,* G. F.: Income Taxes, a.a.O.

[48] Vgl. *Sanders,* T. H.: The Effects of Taxation on Executives, a.a.O. Die Definition des Begriffes „executive" ist äußerst schwierig. Sanders gibt folgende Beschreibung: „An executive is a man who has the abilities to plan, organize and get things done, and who therefore has the urge and the liking to do them."

[49] *Kimmel,* L. H.: Taxes and Economic Incentives, a.a.O., S. 5.

Als die vier wichtigsten Antriebe (incentives), auf die die Besteuerung wirken kann, nennt Kimmel 1. den Antrieb, neue Unternehmen oder Industrien zu gründen; 2. den Antrieb, für bestehende Unternehmen Anlagen und Ausstattung zu erweitern und neue Maschinen und Verfahren einzuführen; 3. den Antrieb für die Leute, ihre Ersparnisse zu investieren; und 4. den Antrieb zur Arbeit.

Unser Interesse gilt dem letzten der genannten Untersuchungsgebiete. Die Vorgangsweise Kimmels ist dadurch gekennzeichnet (das gilt auch für die anderen drei Untersuchungsgebiete), daß der Diskussion der hauptsächlichsten Steuern vom Standpunkt ihrer Wirkungen und wirtschaftlichen Antriebe aus, immer Hinweise auf deren Inzidenz vorausgehen. Seine Feststellungen über die Inzidenz der Einkommensteuer — nur diese Steuer soll hier zum Zug kommen — sind sehr allgemein und insoweit schon bekannt: „About all that can be said with respect to the tax factor is that in some cases the taxes falling on wage earners' incomes were taken into account, or at least mentioned in wage negotiations[50].“ Die Auswertung der Ergebnisse aus zwei Befragungen ist für uns interessant.

Die erste Frage lautete: Glauben Sie, daß je höher der Steuersatz um so geringer der Antrieb zum Arbeiten und Sparen ist? 1000 Produktionsbetriebe wurden befragt; das Ergebnis zeigt Tabelle 2 [51].

Die zusätzlichen Kommentare der Befragten sind sehr unterschiedlich. In einigen Fällen meinten die Befragten, daß der Einfluß der Einkommensteuer nur in höheren Einkommensgruppen, d. h. in der Gruppe der „executives“, von Bedeutung ist. Zwei Antworten besagten, daß die Einstellung gegenüber der Überstundenarbeit berührt wird. Es wurde auch beobachtet, daß die Leute weniger intensiv arbeiten. In zwei Firmen wurde hervorgehoben, daß die Wirkung der Besteuerung auf das Arbeitsangebot besonders bei schöpferischen Betätigungen bedeutend ist.

Es wurde aber auch die Meinung vertreten, daß die Einkommensteuer überhaupt keine Wirkung hat, weil „the individual always tends to be optimistic in regard to taxes; he is continually looking for lower taxes“[52].

Einen Kommentar zur ersten Befragung, nämlich den Hinweis, daß sich eine Wirkung der Einkommensteuer auf das Arbeitsangebot nur in höheren Einkommensgruppen zeigt, hat Kimmel in einer zweiten Befragung weiter verfolgt: Hat die Struktur der Einkommensteuer-

---

50 *Kimmel,* L. H.: Taxes and Economic Incentives, a.a.O., S. 68.

51 Die Tabelle ist unverändert aus Kimmel, L. H.: Taxes and Economic Incentives, a.a.O., S. 101, entnommen.

52 *Kimmel,* L. H.: Taxes and Economic Incentives, a.a.O., S. 102.

Tabelle 2

Is The Incentive To Work And Save Affected By High Tax Rates?
Replies Classified by Industries

Industry	Number of Replies			Percentage of Affirmative Replies
	Total	Yes	No	
Metals and metal products	26	25	1	96,2
Machinery and accessories	47	44	3	93,6
Automobiles and accessories	6	6	0	100,0
Electrical equipment and appliances	15	14	1	93,3
Textiles	25	25	0	100,0
Chemicals and drugs	12	12	0	100,0
Building materials	8	7	1	87,5
Paper and paper products	14	14	0	100,0
Foods and beverages	18	16	2	88,9
Leather and leather products	7	6	1	85,7
Rubber	5	5	0	100,0
Glass	5	4	1	80,0
Miscellaneous	20	19	1	95,0
Total	208	197	11	94,7

sätze, besonders bei den höheren Einkommen der mittleren Einkommensgruppen, das Angebot an leitendem Personal (managerial personnel) bzw. deren Qualität beeinträchtigt?

Es wurden wieder die gleichen 1000 Firmen befragt; das Ergebnis zeigt Tabelle 3 [53].

Die im Zusammenhang mit der Befragung erhaltenen Kommentare sind sehr interessant. In einer Reihe von Fällen wurde festgestellt, daß „executives" die Firmen verlassen haben, um selbständig zu werden. Die entscheidende Überlegung war dabei, daß sie ihre Arbeit in langfristigen Kapitalgewinnen reflektiert sehen wollten, für die der Höchststeuersatz 25 % war.

[53] Die Tabelle ist unverändert aus *Kimmel,* L. H.: Taxes and Economic Incentives, a.a.O., S. 103, entnommen.

Tabelle 3

Have High Taxes Affected Availability of Managerial Personnel? Replies Classified by Industries

Industry	Number of Replies			Percentage of Affirmative Replies
	Total	Yes	No	
Metals and metal products	25	8	17	32,0
Machinery and accessories	46	17	29	37,0
Automobiles and accessories	7	6	1	85,7
Electrical equipment and appliances	14	6	8	42,9
Textiles	23	9	14	39,1
Chemicals and drugs	11	6	5	54,5
Building materials	8	4	4	50,0
Paper and paper products	13	5	8	38,5
Foods and beverages	16	2	14	12,5
Leather and leather products	6	3	3	50,0
Rubber	4	2	2	50,0
Glass	5	4	1	80,0
Miscellaneous	18	9	9	50,0
Total	196	81	115	41,3

Dazu kommt noch, daß ein Kapitalgewinn erst bei seiner Realisierung besteuert wird. Tabelle 4 macht den beschriebenen Zusammenhang anschaulich[54].

Daraus wird ersichtlich, daß bis etwa $ 50.000 die langfristigen Kapitalgewinne in halber Höhe des normalen Satzes besteuert werden. Bei einem steuerpflichtigen Jahreseinkommen von $ 200.000 ist der Grenzsteuersatz für das ordentliche Einkommen aber schon mehr als dreimal so hoch wie der Steuersatz für die Kapitalgewinne.

Kimmel folgert nun, daß es vermutlich die tüchtigsten „executives“ sind, die aus diesem Grunde für die jeweiligen Firmen verloren gingen. Dies sei für das betroffene Unternehmen zwar hart; betrachtet man die Sache aber von einem volkswirtschaftlichen Standpunkt aus, dann sei diese Tendenz zweifellos mehr als eine Kompensation für den Nachteil des früheren Arbeitgebers.

[54] Die Tabelle ist unverändert aus *Kimmel,* L. H.: Taxes and Economic Incentives, a.a.O., S. 105 entnommen.

Tabelle 4

Marginal Rates On Ordinary Income And Capital Gains, 1949
Various Levels of Income

Taxable Income	Bracket Rate[a] on Ordinary Income %	Bracket Rate[b] on Capital Gains %
$ 0— 4 000	16,60	8,30
$ 4 000— 8 000	19,36	9,68
$ 8 000— 12 000	22,88	11,44
$ 12 000— 16 000	26,40	13,20
$ 16 000— 20 000	29,92	14,96
$ 20 000— 24 000	33,44	16,72
$ 24 000— 28 000	37,84	18,92
$ 28 000— 32 000	41,36	20,68
$ 32 000— 36 000	44,00	22,00
$ 36 000— 40 000	46,64	23,32
$ 40 000— 44 000	49,28	24,64
$ 44 000— 52 000	51,92	25,0
$ 52 000— 64 000	54,56	25,0
$ 64 000— 76 000	57,20	25,0
$ 76 000— 88 000	60,72	25,0
$ 88 000—100 000	63,36	25,0
$ 100 000—120 000	66,00	25,0
$ 120 000—140 000	68,64	25,0
$ 140 000—160 000	71,28	25,0
$ 160 000—180 000	73,92	25,0
$ 180 000—200 000	76,56	25,0
$ 200 000—273 438	78,32	25,0
$ 273 438—300 000	80,3225	25,0
$ 300 000—400 000	81,225	25,0
$ 400 000 and over	82,1275	25,0

a) The marginal tax rate is the rate applicable to the last dollar of income. The bracket rates here shown are those which apply to the taxable income of a married couple.

b) Rates applicable to the full amount of net long-term capital gains. In practice only one half of the net gain is counted and the effective rates are double those shown.

Wie aber reagieren die leitenden Angestellten, die trotzdem bei ihrer Firma bleiben? Dazu sind folgende Beobachtungen bemerkenswert: Wachsender Widerstand gegen die Übernahme von Positionen in anderen Städten oder Gemeinden; Tendenz zu einer frühen Pensionierung; Ablehnung von Aufstiegsmöglichkeiten, weil das zusätzliche Einkommen nach Besteuerung die Übernahme größerer Verantwortung nicht rechtfertigt.

Kimmel kommt daher zu der Ansicht, daß ein Steuersystem sozial und wirtschaftlich unerwünscht ist, wenn es Ursache dafür ist, daß hochqualifizierte Leute die Übernahme eines Maximums an Verantwortung, die sie noch tragen könnten, ablehnen oder daß sie für ihre gegenwärtigen Aufgaben nicht ihre volle Kraft einsetzen.

bb) Die Studie Sanders'

Die Studie Sanders' gehört zum Tax Research Program[55] der Graduate School of Business Administation an der Harvard University. Wie bei allen anderen Arbeiten dieses Forschungsprogramms galt es auch hier in erster Linie Fakten zu finden, die als Basis für eine realistische Einschätzung der Steuerwirkungen auf bestimmte Aspekte im Unternehmen dienen sollten.

Die Themenstellung Sanders' umfaßt zwei Fragen: 1. Wie haben „executives" als Einzelpersonen auf hohe Steuern und Änderungen im Gehaltssystem reagiert? 2. In welchem Ausmaß und auf welche Weise hat ihre mutmaßliche persönliche Enttäuschung zu einer Verminderung oder Umorientierung des Arbeitsangebotes bzw. -antriebes geführt, mit den daraus folgenden Wirkungen auf den wirtschaftlichen Wohlstand der Nation?

Wir wollen gleich hier präzisieren, worauf die Untersuchung Sanders' schließlich im einzelnen eingeht: Er beschäftigt sich mit dem Einfluß der Besteuerung auf „executives", soweit sie die Auswahl ihrer Tätigkeit, die Intensität und Dauer ihrer aktiven Karriere, den Zeitpunkt ihrer Pensionierung und ihre Anstrengungen um persönlichen finanziellen Erfolg betrifft. Dabei ist zu beachten, daß die Aufmerksamkeit

---

[55] Bei uns bekannt gewordene Arbeiten sind: Butters, J. K. und Lintner, J.: Effects of Federal Taxes on Growing Enterprises (1945); Butters, J. K.: Effects of Taxation on Inventory Accounting and Policies (1949); Butters, J. K., Lintner, J., and Cary, W. L.: Effects of Taxation on Corporate Mergers (1951); Sanders, T. H.: Effects of Taxation on Executives (1951); Hall, Ch. A.: Effects of Taxation on Executive Compensation and Retirement Plans (1951); Brown, E. C.: Effects of Taxation on Depreciation Adjustments for Price Changes (1952); Smith, D. T.: Effects of Taxation on Corporate Financial Policy (1952); Butters, J. K., Thompson, L. E., und Bollinger, L. L.: Effects of Taxation: Investments by Individuals (1953).

in erster Linie der Art und dem Ausmaß aller hemmenden Wirkungen (disincentives) auf das Arbeitsangebot der „executives" galt und nicht so sehr den verschiedenen anspornenden Gehaltsformen, durch welche die Unternehmen die Wirkungen der hohen Steuern zu kompensieren suchten.

Auffallend an der sehr umfangreichen Arbeit ist, daß sich darin keine einzige Tabelle mit Zahlenwerten findet. Sanders gibt dafür folgende Erklärung: „One of the problems of the investigation has been to determine whether it might be possible and desirable to give support and add concretness to the findings by the use of statistical tables purporting to reflect the extent or prevalence of various patterns of executive behavior. As the work has progressed I have gradually moved to the conclusion that such statistical data would be more misleading than informative. The figures would look to persuasively concrete, when in fact they are subject to material qualifications of far-reaching character. An example of this occurred in a group meeting at which I was asking for a show of hands on certain broad questions. In response to the inquiry, whether those present thought that executives work harder in some respect and less hard as a result of taxes, two men put up their hands in support of both views. They explained that they believed that taxes lead some executives to work harder in some respect and less hard in other respect. There is extensive evidence — indeed it scarcely needs evidence — to prove that executives who are differently circumstanced will react very differently to taxes, another way of saying that they are subject to many and various motivations. A corollary is that the same executive will behave differently at different times in response to the same taxes, reacting to other changes in his own personal conditions or in the general circumstances.

For such reasons it seems better not to attempt to express the results of this study in terms of a body of figures which, taken without their attendant qualifications, would almost certainly be misleading. For my own guidance in writing up the findings I have tabulated the replies in statistical form, but the difficulties of assigning the highly qualified comments of executives to specific classifications confirmed my feeling that they would not adequately reflect the nuances and variations of the conversations, from which they were derived. It seems best to attempt to summarize the results, even the relative quantitative estimates, in narrative form, rather than add to the supply of categorical-looking figures which are not what they seem[56]."

---

[56] *Sanders,* T. H.: Effects of Taxation on Executives, a.a.O., S. 10.

Die detaillierten Ausführungen von Sanders auch nur in Kurzform wiederzugeben ist hier unmöglich. Als sinnvollste Beschränkung der Darstellung erachten wir jene auf Methode und allgemeine Ergebnisse der Untersuchung.

Die ausgewerteten Antworten stammen zur Gänze aus persönlichen Interviews, bei denen sehr waches Interesse und Geduld für die gestellten Fragen gezeigt wurde. Die ausgewählte Stichprobe ist als repräsentativ für die US-amerikanische Geschäftswelt anzusehen. Es wurde darauf geachtet, eine vernünftige Aufteilung nach dem Alter, der Art der Industrie, dem Landesteil und den persönlichen Rücksichten sicherzustellen. Eine Mindestanzahl von Interviews wurde nicht vorgegeben. Letzten Endes waren es etwa 160 Interviews, davon 40 % mit Produzenten in ungefähr 30 verschiedenen Industrien, im übrigen mit Repräsentanten aus Bank und Finanz, Verkauf und Werbung, dem Ölgeschäft und verschiedenen Versicherungen.

Von den befragten „executives“ waren über die Hälfte Präsidenten oder Vorsitzende ihrer Gesellschaft, der nächst höhere Prozentsatz waren Vizepräsidenten. Die Antworten dieser Leute kamen vor allem aus der eigenen Erfahrung heraus; manche sprachen auch über die Erfahrung ihrer Freunde bzw. über den allgemeinen Eindruck, der unter den Geschäftsfreunden vorherrscht.

Als eine Art Kontrollinterviews befragte Sanders auch einige freiberuflich tätige Berater und Konsulenten von „executives“, nämlich Rechtsanwälte, Managementberater und Wirtschaftstreuhänder. Die Ergebnisse bekräftigen die Aussagen der „executives“ und ergänzten sie in wichtigen Punkten.

Weiteres Material lieferten 12 Gruppen-meetings, die von 4 bis über 100 Mann umfaßten. Die kleineren Gruppen waren vor allem Mitglieder von „boards of directors“ aus der Industrie. Die größeren Gruppen waren regionale Treffen von Harvard Business School Alumni, die aus den verschiedensten Tätigkeitsbereichen des Geschäftslebens kamen. Das Ergebnis dieser Diskussionen war die Bestätigung der in den einzelnen Interviews ans Licht gebrachten Fakten und Ideen.

Der Befund Sanders' über die gesammelten Fakten ist in 10 Punkten zusammengefaßt. Für die Beurteilung und Weiterverwendung der gemachten Aussagen ist deren Geltungsbereich in räumlicher und zeitlicher Hinsicht besonders zu beachten: Die Vereinigten Staaten in der Zeit nach dem 2. Weltkrieg und vor der Koreakrise.

1. Die Unterlagen aus den Interviews lassen erkennen, daß das Ausmaß der Verminderung des Arbeitsangebotes als Folge von Steuern häufig übertrieben dargestellt wurde.

2. Unter den „executives" der größeren Gesellschaften (was überwiegend auch für die kleineren Unternehmen gilt) konnte keine merkbare Verminderung des Arbeitseinsatzes in den täglich anfallenden Arbeiten festgestellt werden.

3. Trotz der Besteuerung wurde der gleiche Arbeitseinsatz überall dort aufrecht erhalten, wo nichtfinanzielle Antriebe zur Arbeit vorhanden waren oder die Notwendigkeit der administrativen Organisation es erfordern.

4. Eine Verminderung des Arbeitsangebotes wurde hauptsächlich dort festgestellt, wo die Leute in allen wesentlichen Punkten ihre eigenen Herrn waren: Geschäftseigentümer, soweit sie nicht Rücksicht auf Kunden und Arbeitnehmer nehmen mußten.

5. Es wurde festgestellt, daß „executives" eine Beförderung innerhalb ihrer Firma oder vorteilhafte Angebote von anderen Gesellschaften ablehnten, wenn die Veränderung mit stark anwachsenden Anforderungen und verhältnismäßig geringen Nettoeinkommenssteigerungen verbunden war. Selbstverständlich spielten hier alle mit einem „guten Leben" zusammenhängenden Fragen eine ergänzende wichtige Rolle.

6. Die Besteuerung hat in einer beträchtlichen Anzahl von Fällen eine Rolle gespielt, wenn „executives" zusätzliche Aufträge für ihre Gesellschaft abgelehnt haben, weil der zusätzliche Gewinn nach der Körperschaftsteuer als zu wenig attraktiv betrachtet wurde. Einige dieser Entscheidungen waren kaum ausschließlich steuerlichen Überlegungen zuzuschreiben; in Fällen aber, in denen ein Unternehmen nahe der Kapazitätsgrenze arbeitete, schienen die Steuern häufig eine entscheidende Rolle zu spielen.

7. Der in 6. erwähnte Sachverhalt spielte vor allem in der Eigentümer-Manager-Kategorie eine wichtige Rolle.

8. Über die „Pensionsneigung" der „executives" als Steuerwirkung läßt sich auch nicht annähernd eine allgemeine Aussage machen. Die zunehmende Bedeutung von Pensionsplänen in den größeren Firmen hat fast systematische Pensionierungsregeln zur Folge, so daß dem betroffenen „executive" kaum eine Wahl bleibt. Ein ansehnliches Kapitalvermögen, aber auch metaökonomische Faktoren wie der Gesundheitszustand, üben einen breiten Einfluß bei diesen Entscheidungen aus. Viele glauben auch, daß ein früheres in den Ruhestand treten für die Gesellschaft (eines Landes) per Saldo ein Gewinn ist, da dadurch für fähige junge Leute schon in einem früheren Alter Platz wird.

9. Zwei Gründe insbesondere wurden angeführt, deren Einfluß neben dem der Steuerlasten einige Leute abschreckte, erweiterte Verantwortung und Aufgaben zu übernehmen. Der erste Grund sind die stark anwachsenden Kontrollen und Interventionen des Staates; der zweite die Schwierigkeit der Verhandlung mit Gewerkschaften, vor allem wenn sie durch die Politik der Regierung kräftig unterstützt werden. Eine Reihe von „executives" gab unaufgefordert die entschiedene Antwort, daß diese Bedingungen eine größere hemmende Wirkung auf sie ausüben als die Kürzung ihrer Einkommen durch die Steuern.

10. Aus den Interviews konnte schließlich herausgehört werden, daß alle genannten „disincentives" (Steuern, staatliche Regelung, Kontroversen mit den Gewerkschaften) nicht ausreichen, um kühne und energische Geister zu ersticken.

Ein wörtliches Zitat soll den pathetischen Schlußpunkt zu den Folgerungen Sanders' setzen: „What all history goes to show is again confirmed by a good deal of evidence in this study, that difficulty, danger, and strenuous effort are themselves incentives to many men[57]."

cc) Die Studie Breaks

Break machte seine empirische Untersuchung in der ersten Hälfte des Jahres 1956 „in the most vulnerable area possible — Great Britain, where income tax rates rise considerably more steeply than they do in the United States[58]".

Die für die Befragung ausgewählten Gruppen sind die Anwälte und Wirtschaftsprüfer, die zur steuerempfindlichen Kategorie (tax-sensitive category) der Bevölkerung gehören. Für diese Steuerempfindlichkeit gibt es einige einleuchtende Gründe: In ihrer praktischen Tätigkeit werden Anwälte und Wirtschaftsprüfer immer wieder mit Steuerproblemen konfrontiert; zudem gehören sie größtenteils selbst zur mittleren oder höheren Einkommensgruppe, so daß sie die hohen Grenzsteuersätze am eigenen Leib spüren.

Es erscheint uns gerechtfertigt, auf die Auswahl der Stichprobe und die Befragungsmethode Breaks besonders ausführlich einzugehen, da sie geradezu als Musterbeispiel für derartige Untersuchungen herangezogen werden können. Im Anschluß daran werden die Interviewergebnisse und die sich ergebenden Schlußfolgerungen behandelt.

---

57 *Sanders,* T. H.: Effects of Taxation on Executives, a.a.O., S. 30 ff.
58 *Break,* G. F.: Income Taxes and Incentives, a.a.O., S. 530; Break ist Amerikaner, Anmerkung d. Verf.

α) Stichprobe und Interviewmethode

Break hatte 306 Anwälte und Wirtschaftsprüfer in London, seinen Vororten und in sechs Provinzgebieten mit vornehmlich ländlichem Charakter, wobei auf geographische Streuung geachtet wurde, persönlich interviewt.

Für die Londoner Stichprobe wurden 87 Wirtschaftsprüfer ausgewählt, in dem bei einem Zufallsstart jeder dreißigste Name der Mitgliedsliste des Institute of Chartered Accountants genommen wurde. Die Auswahl der Anwälte war komplizierter, da die Liste der Law Society getrennt nach London-Zentrum und den einzelnen Vororten geführt war. Dementsprechend wurde von der Liste London-Zentrum nach einem Zufallsbeginn jeder vierzigste Name genommen, was insgesamt 126 ergab. Dazu kamen 20 Anwälte aus den Vororten, die in ähnlicher Weise ausgewählt wurden.

Die Stichprobe aus den sechs Provinzgebieten, wobei die Größe der Städte, in denen die Auswahl getroffen wurde, von wenigen Hundert bis 80 000 Einwohner variierte, bestand aus 122 Anwälten bzw. Wirtschaftsprüfern.

Die Gesamtstichprobe umfaßte 355 Namen. Die 49 Ausfälle setzen sich folgendermaßen zusammen: 28 praktizierten nicht mehr (Tod, Ruhestand, etc.); 3 aus der Londoner Liste konnten nicht ausgeforscht werden; 7 aus den Provinzgebieten waren zur Zeit der Interviews in ihren Gebieten abwesend; 11 verweigerten das Interview. Die sehr niedrige Zahl der verweigerten Interviews war auf Einführungsbriefe (es wurde nur von einem Interesse des Interviewers an der „wirtschaftlichen Stellung“ dieser Berufe in England geschrieben) der Law Society und des Institute of Chartered Accountants zurückzuführen. Der eigentliche Zweck der Befragung wurde also vorher nicht mitgeteilt; auch das Wort Steuer wurde von Seiten des Interviewers zunächst nicht ausgesprochen.

Die Interviews begannen mit einfachen Fragen über die Größe des Unternehmens, die Zahl der Angestellten und die wesentlichsten Daten über die berufliche Karriere des Befragten. Dann kamen die Länge des Urlaubs, die zusätzlich frei genommenen Tage und die Anzahl der wöchentlichen Arbeitsstunden zur Sprache; Änderungen dieser Daten in den letzten Jahren wurden erörtert. Im Hauptteil des Interviews kam es zu einer Diskussion über die Gründe, soviel und nicht mehr und nicht weniger zu arbeiten; insbesondere über die Entscheidungen, zusätzliche Aufträge zu übernehmen oder abzulehnen; über die Gelegenheit, Einkommen außerhalb des Unternehmens zu erzielen, und darüber, die Expansion der Praxis voranzutreiben. War der Befragte über

45 Jahre alt, wurde er auch nach dem Zeitpunkt, an dem er in den Ruhestand zu treten gedenke, gefragt.

Diejenigen, die die Besteuerung von sich aus bis zu diesem Zeitpunkt des Interviews noch nicht erwähnt hatten, wurden nun direkt gefragt, ob sie ein Faktor bei ihren Entscheidungen über die Annahme oder Ablehnung eines Auftrages war. Jede positive Reaktion wurde möglichst genau erörtert. Jene, die den Einfluß der Steuer schon erwähnt hatten, wurden weiter darüber befragt; vor allem wurde nicht selten vorkommende Inkonsistenz in den Antworten weiter überprüft.

Zum Abschluß des Interviews wurde dem Befragten eine Karte vorgelegt, auf der vierzehn Einkommensklassen angegeben waren. Er wurde gebeten, die Lage seines Arbeitseinkommens vor Besteuerung und auch die seines gesamten steuerpflichtigen Einkommen in dieser Gruppierung zu bestimmen. Der Widerstand war überraschend gering: Sechs weigerten sich, ihren Grenzsteuersatz bekanntzugeben, acht wollten die Höhe ihres Arbeitseinkommens nicht preisgeben.

Die gestellten Fragen betrafen grundsätzlich das tatsächliche Verhalten in der Vergangenheit oder definitive Ruhestandspläne. Eine einzige Ausnahme bildete die hypothetische Frage: „Wenn Ihnen im vergangenen Jahr mehr Aufträge angeboten worden wären, glauben Sie, daß Sie sie übernommen hätten?"

β) Ergebnisse und Schlußfolgerungen

Auf alle Einzelheiten der Ergebnisse kann in unserer Darstellung nicht eingegangen werden. Wir gehen von folgender Übersicht aus[59]:

Tabelle 5

Die Wirkung der Besteuerung auf das Arbeitsangebot

	Disincentives (hemmend)	Incentives (anspornend)
Unbereinigte Antworten	54/306 = 18 %	96/306 = 31 %
Vage Antworten („might well")	14	65
Ausdrückliche Steuerwirkungen	40/306 = 13 %	31/306 = 10 %

Von 306 Befragten nannten demnach 40 oder 13 % die Besteuerung ausdrücklich als hemmenden Faktor für ihre Bereitschaft zu einer Mehrleistung. Die wirtschaftliche Auswirkung, Stärke und Bedeutung

59 *Break,* G. F.: Income Taxes and Incentives, a.a.O., S. 536.

dieser Steuerwirkung war durchaus nicht einheitlich. Es ließen sich drei unterschiedliche Arten von Steuerwirkungen feststellen.

Für eine erste Gruppe (19) war die Besteuerung ein definitiver Faktor bei ihrer Entscheidung, zusätzliche Aufträge abzulehnen. Von diesen traf sechs ein Grenzsteuersatz von 60 % und mehr; zwei von ihnen lagen bei 85 % oder darüber.

Zur zweiten Gruppe (10) gehören jene, die zwar alle ihnen angebotenen Aufträge übernahmen, sich aber um eine Ausweitung des Geschäftes kaum kümmerten. Eine Antwort war folgende: „If taxes were lower I would display more energy in trying to increase business. One is not prepared to drive oneself really hard and perhaps endanger one's health under present tax rates[60]!"

Die letzte Gruppe (11) der Befragten überwälzte Arbeit wegen ihrer eigenen hohen Steuersätze innerhalb der Firma auf Partner oder aus diesem Grund neu Angestellte. Eine große Rolle spielte in dieser Gruppe die Maxime „expand or perish" (expandiere oder gehe zugrunde), weil die Ablehnung eines Auftrages für das Unternehmen als sehr nachteilig angesehen wurde.

In Tabelle 6 sind die hemmenden Steuerwirkungen nach ihrer Wirkungsart und deren wirtschaftlicher Bedeutung geordnet[61].

Tabelle 6

Art der hemmenden Steuerwirkungen	wirtschaftliche Bedeutung		
	am größten	mittel	am geringsten
Ablehnung von Aufträgen	6	10	3
Verringerte Anstrengung zur Geschäftsausweitung	3	6	1
Überwälzung von Arbeit innerhalb des Unternehmens	10	1	0
Alle Wirkungen	19	17	4

Die 31 Antworten über eine anspornende Wirkung der Besteuerung können in ähnlicher Weise klassifiziert werden; dies erfolgt in Tabelle 7[62].

---

60 *Break,* G. F.: Income Taxes and Incentives, a.a.O., S. 538.
61 *Break,* G. F.: Income Taxes and Incentives, a.a.O., S. 539.
62 *Break,* G. F.: Income Taxes and Incentives, a.a.O., S. 541. — Eine Untersuchung der Kölner Forschungsstelle für empirische Sozialökonomik im Jahre 1963 unter der Leitung von Schmölders brachte bei einer repräsentativen Be-

Tabelle 7

Art der Anspornwirkung	wirtschaftliche Bedeutung		
	am größten	mittel	am geringsten
Aufgeschobener Ruhestand	15	2	0
Mehr tägliche Arbeit	8	5	1
Alle Wirkungen	23	7	1

Bei der Interpretation der hemmenden und anspornenden Steuerwirkungen geht Break von Tabelle 8 aus[63].

Tabelle 8

Reihung nach der wirtschaftlichen Bedeutung der Steuerwirkung	Disincentives	Incentives
Am größten	19/306 = 6 %	23/306 = 8 %
Am größten + mittel	36/306 = 12 %	30/306 = 10 %
Am größten + mittel + am geringsten (= alle definitiven Steuerwirkungen)	40/306 = 13 %	31/306 = 10 %
Alle Steuerwirkungen (definitiv + vage) ..	54/306 = 18 %	96/306 = 31 %

Die Schlußfolgerungen aus diesem Zahlenmaterial sind äußerst schwierig und mit größter Vorsicht zu ziehen. So wurden z. B. die 71 ausdrücklichen Steuerwirkungen (3. Zeile) von nur 66 Befragten genannt; 5 von ihnen berichteten sowohl von einem hemmenden (sie reagierten auf die hohe Nachkriegsbesteuerung mit einer Verminderung des Arbeitsangebots) als auch von einem anspornenden Einfluß der Besteuerung (sie verschoben den Zeitpunkt, an dem sie in den Ruhestand traten, weil es ihnen vorher wegen der Steuer unmöglich war, genügend Ersparnisse beiseite zu legen).

fragung von 1 009 Gewerbetreibenden und freiberuflich Tätigen in der Bundesrepublik Deutschland folgende Ergebnisse: 4 % erwähnten die Besteuerung als Ursache für mangelnde Bereitschaft zur Ausdehnung der Berufstätigkeit; 3 % gönnten sich wegen der Besteuerung weniger Freizeit. Auf die Frage: „Würden Sie im Falle einer Senkung Ihrer Einkommensteuer auf die Hälfte den Umfang Ihrer Berufstätigkeit eventuell einschränken oder würden Sie ihn eher erweitern?“ sprachen 37 % der Befragten von einer Erweiterung (darunter waren viele noch gar nicht voll ausgelastet); nur 5 % dachten an eine Einschränkung ihrer beruflichen Tätigkeit. Auf den Zeitpunkt für das in den Ruhestand treten schien die Besteuerung überhaupt keinen Einfluß zu haben. Vgl. *Schmölders,* G.: Allgemeine Steuerlehre, a.a.O., S. 192. (Die erwähnte empirische Untersuchung war uns nicht zugänglich.)

63 *Break,* G. F.: Income Taxes and Incentives, a.a.O., S. 541.

Es muß nicht bewiesen werden, daß der Nettoeffekt der Einkommensbesteuerung nicht einfach durch eine Subtraktion der Prozentsätze der disincentives und incentives gefunden werden kann. Selbst bei den in der ersten Zeile angeführten disincentives (6 %) und incentives (8 %) von größter wirtschaftlicher Bedeutung ist dies nicht möglich, da nicht ohne weiteres angenommen werden kann, daß es sich jeweils um die gleiche Qualität von Arbeit handelt. Die Schwierigkeiten des Problems liegen also sowohl in der quantitativen als auch in der qualitativen Meßbarkeit.

Etwas konkretere Schlüsse lassen sich aus dem Zahlenmaterial in Tabelle 9 ziehen.

Tabelle 9

	Steuerpflichtiges Gesamteinkommen in £			
	unter 2 000	2 000—3 000	3 000—5 000	über 5 000
Steuerwirkung von größter wirtschaftlicher Bedeutung				
Disincentives	1/112 = 1 %	3/63 = 5 %	5/71 = 7 %	10/54 = 19 %
Incentives	9/112 = 8 %	4/63 = 6 %	5/71 = 7 %	5/54 = 9 %
Alle ausdrücklichen Steuerwirkungen				
Disincentives	7/112 = 6 %	7/63 = 11 %	10/71 = 14 %	16/54 = 30 %
Incentives	12/112 = 11 %	5/63 = 8 %	7/71 = 10 %	7/54 = 13 %

Theoretisch „sollte“ die Reaktion des individuellen Arbeitsangebotes auf eine progressive Einkommensbesteuerung mit dem Einkommensniveau variieren, wobei die disincentives am oberen Ende der Einkommensskala konzentriert sind und die incentives am unteren Ende. Aus Tabelle 9 ist nun zu ersehen, daß diese theoretische Annahme nur für die disincentives zutrifft. Im Gegensatz dazu sind die incentives über die ganze Breite der Einkommensskala verteilt.

Nichtsdestoweniger, meint Break, kann mit ziemlicher Sicherheit gesagt werden, daß der Nettoeffekt der Besteuerung, sei er nun ein hemmender oder anspornender, zu gering ist, um von großer wirtschaftlicher und soziologischer Bedeutung zu sein. Will man die ökonomische Bedeutung der Steuerwirkungen auf das Arbeitsangebot richtig einschätzen, muß man auch schon andere Faktoren berücksichtigen. Bei den Interviews wurde u. a. deutlich: Die Arbeit stellt einen Wert an sich dar; die Bindung an einen beruflichen Ehrenkodex verbietet die Ablehnung von Aufträgen (vgl. weiter oben die Maxime „expand or perish"); die notwendige Rücksichtnahme auf den Partner; der pekuniäre Druck durch Spar- und Ausgabeverpflichtungen des privaten Haushalts.

dd) Die Studie von Rolfe und Furness

Im Mittelpunkt der bisher dargestellten empirischen Untersuchungen stand der Arbeit-Freizeit-Aspekt der Besteuerung bzw. der Änderung von Steuersätzen. *Rolfe* und *Furness* sehen auch ein Problem in den Auswirkungen einer Änderung in der Methode der Steuereinhebung.

Sie haben sich in ihrer Studie[64] zwei Aufgaben gestellt: 1. Die empirische Überprüfung der Wirkungen der Paye-Methode[65] auf den Ausstoß von 120 Baumwollarbeitern in Großbritannien. 2. Die Wirkungen der Steuersenkungen von 1946 und 1947. Die Arbeiter wurden auf einer Mengenbasis bezahlt (der garantierte Mindestlohn war ohne Bedeutung), so daß der Ausstoß unter ihrer Kontrolle stand. Dadurch wurde der Zusammenhang zwischen Steuerwirkung und Ausstoß meßbar.

Im Jahre 1941 wurde der Steuersatz von 8 auf 10 sh per £ erhöht, wozu noch eine Einschränkung der Abzugsfähigkeit von Sonderausgaben kam. Der Steuersatz wurde 1946 von 10 auf 9 sh per £ gesenkt. Eine weitere Steuersenkung erfolgte 1947 [66].

Auf die Untersuchungsmethode wollen wir nicht eingehen, sondern nur kurz die wesentlichsten Schlußfolgerungen wiedergeben. Bei 73 % der befragten Arbeiter wurde ein Rückgang der Arbeitszeit festgestellt. Aber „what might be termed the dynamic effect of paye was considerably less than the static"[67], denn schon 10 Wochen nach der Einführung des neuen Verfahrens begann dieser steuerliche Einfluß wieder abzuklingen. 1946 war der Stand von 1944 beinahe wieder erreicht, „indicating that some norm of output, possibly the rythm of work, had prevailed over conscious (or unconscious) resentment resulting initially in diminished output"[68].

Sehr ähnliche Ergebnisse zeigt die Steuersenkung von 1946. Unmittelbar nach der Steuersenkung steigerten 60,5 % der Befragten ihre Arbeitsleistung, wogegen 38,7 % sie verminderten. 10 Wochen danach

---

64 *Rolfe*, S. E. und *Furness*, G.: The Impact of Changes, a.a.O., S. 394—401.

65 PAYE = „pay-as-you-earn"-Steuereinzugsverfahren, das im speziellen Fall im April 1944 eingeführt wurde.

66 Die Autoren äußern sich nicht über das Ausmaß der zweiten Steuersenkung.

67 *Rolfe*, S. E. und *Furness*, G.: The Impact of Changes, a.a.O., S. 399.

68 *Rolfe*, S. E. und *Furness*, G.: The Impact of Changes, a.a.O., S. 400.

waren die Prozentsätze 49,6 (Steigerung) und 47,1 (Verminderung); die durchschnittliche Steigerung war aber beträchtlich größer als die durchschnittliche Verminderung, so daß der Gesamtausstoß gestiegen war.

Für alle beobachteten Fälle haben die Autoren eines eindeutig festgestellt: kurzfristig war der Substitutionseffekt größer als der Einkommenseffekt.

ee) Die Studie von Grubel und Edwards

Die beiden Autoren berichten in ihrem Aufsatz über eine Untersuchung, die die Erforschung des Einflusses steuerlicher Überlegungen auf die Berufswahl zum Ziel hatte[69]. Ihre Untersuchungsmethode übernahmen sie weitgehend von Break[70].

An 50 zufällig ausgewählte männliche Studenten der Stanford University, die vor dem Abschluß ihres Studiums standen, wurde zu Beginn des Interviews folgende Frage gestellt: „Welche Faktoren waren Ihrer Meinung nach entscheidend für Ihre Berufswahl?“ Eine Übersicht über die Antworten gibt Tabelle 10 [71]. Im allgemeinen wurden drei bestimmende Faktoren genannt; von diesen wurde der am meisten betonte in die Tabelle 10 aufgenommen.

Tabelle 10

Answer	%
Interest	52
Money	10
Enjoyment	10
Prestige	6
Independence	6
Security	4
Amount of leisure time	4
Ability in area	4
Desire for creativity	2
Geographical location of job	2

[69] *Grubel* und *Edwards* nehmen Bezug auf die Arbeiten von Goode, R.: The Income Tax, a.a.O. und Greenewalt, C.: Effect of High Tax Rates on Executive Incentives, in: Federal Tax Policy for Economic Growth and Stability, Joint Economic Committee, 84th Congress, 1st Session, 1955, S. 185—91. Die Arbeit Greenewalts war uns nicht zugänglich. Die theoretische Studie Wessels (Income Taxation and Job Selection, a.a.O.) wird nicht erwähnt.

[70] Vgl. *Break*, G. F.: Income Taxes, a.a.O.

[71] Unverändert übernommen aus *Grubel*, H. G. und *Edwards*, D. R.: Personal Income Taxation, a.a.O., S. 161.

Das für uns bemerkenswerteste Resultat ist, daß nicht ein einziger Student steuerliche Überlegungen als Einflußgröße genannt hat. Für die Auswertung dieser Ergebnisse sind noch insbesondere zwei Tatsachen zu beachten: 1. Der Beruf (Tabelle 11) und das Einkommen der Eltern (Tabelle 12). 2. Die von den befragten Studenten gewählten Berufe (Tabelle 13).

Tabelle 11

Parents Occupation	%
General business	48
Executive management	14
Doctor	10
Lawyer	10
Engineer	10
Armed services	4
Teaching	4

Tabelle 12

Annual Parental Income of Students Interviewed	%
$ 0— 5 000	4
5 000—10 000	22
10 000—15 000	28
15 000—25 000	30
25 000 +	16

Aus Tabelle 11 und 12 sollte man eigentlich schließen können, daß die Studenten aus solchen Familien besonders steuerbewußt sind, jedenfalls steuerbewußter, als Studenten einer für das ganze Land repräsentativen Zufallsstichprobe. Das ist eindeutig nicht der Fall.

Tabelle 13

Occupation chosen	%
Business	26
Law	22
Medicine	18
Teaching	12
Journalism and writing	6
Research	6
Dentistry	2
Architecture	2
Undecided	6

Aus Tabelle 13 ist deutlich ersichtlich, daß die Studenten Berufe mit höchsten Verdienstmöglichkeiten anstreben[72], obwohl sie dort besonders von der Progression der Einkommensteuer getroffen werden.

[72] Das Bewußtsein, von einer der besten Universitäten (Stanford University) Amerikas zu kommen, mag diesen Trend noch bestärken.

Eine nähere Erläuterung der Ergebnisse in Tabelle 10 wurde durch weitere Befragung versucht; vor allem die eher allgemeine Antwort „Interesse“ war weiter aufzuklären. 29 % der Befragten gaben an, den Beruf ihres Vaters gewählt zu haben; dies trat besonders stark bei den Ärzten und Anwälten hervor. Die größte Streuung der Berufswahl ergab sich bei jenen Studenten, deren Väter einen Beruf unter „General business“ ausübten.

Schließlich wurden die Studenten direkt nach dem Einfluß der Besteuerung auf ihre Berufswahl gefragt, wobei 20 % mit ja und 80 % mit nein antworteten. Das größte Steuerbewußtsein zeigten die zukünftigen Geschäftsmänner.

Um die Konsistenz in den Antworten zu überprüfen, wurden die befragten Studenten gebeten, eine Reihung der Bedeutung des Geldeinkommens für die Berufswahl sowie des steuerlichen Einflusses darauf vorzunehmen (Tabelle 14).

Tabelle 14

Number of students	Importance of money income	Taxes influence your choice of occupation?	
		Yes	No
6	Primary	3	3
11	Relatively important	2	9
24	Secondary	1	23
9	Little concern	4	5

Jene 10 Studenten, die von einem steuerlichen Einfluß auf ihre Berufswahl sprachen, wurden näher befragt. Acht meinten, daß sich die Steuern auf ihren Arbeitsantrieb auswirken würden. Zwei sagten, daß sie mehr arbeiten würden (sie waren nicht Absolventen der wirtschaftswissenschaftlichen Fakultät!), zwei andere würden weniger arbeiten. Vier beabsichtigten, die gesetzlichen Möglichkeiten zur Verminderung der Steuerlast auszunützen. Die zwei verbleibenden Studenten wollten zunächst einmal mit der progressiven Einkommensteuer konfrontiert werden, bevor sie sich näher erklärten.

Die Untersuchung von Grubel und Edwards bestätigt die Aussage Goodes, daß „it would be hard to support the hypothesis that the income tax exercises strong influence on broad occupational choice“[73].

[73] *Goode*, R.: The Income Tax, a.a.O., S. 467.

III. Kritik der bisherigen Lösungsversuche

Eine erste kritische Bemerkung über die Resignation vor der „Unlösbarkeit“ des Problems der Wirkung der Besteuerung auf das Arbeitsangebot ist schon früher gefallen[74]. Wovor eigentlich resigniert wird, ist konkret die Meßbarkeit des Nutzens, im vorliegenden Fall die Meßbarkeit des Nutzes von Arbeit und Freizeit. Eine Auseinandersetzung mit dieser Problematik ist hier unmöglich[75].

Möglichkeiten zu neuen und verbesserten Lösungsversuchen liegen schon „früher“, d. h. bevor die Frage der Nutzenquantifizierung auftaucht. Wozu die Mühe, könnte man einwenden, wenn es für eine exakte Lösung letztlich doch auf die kardinale Messung des Nutzens der beiden genannten Größen ankommt.

Eine genaue Erforschung der Größen Arbeit und Freizeit sowie deren Verhältnis zueinander hat aber zumindest den Vorteil, die Wirkungsfelder der Besteuerung genauer kennenzulernen. Ein derartiges Vorgehen erweitert zunächst die Möglichkeiten, auf rein deduktivem Weg zu verbesserten Ergebnissen zu kommen. Von noch größerer Bedeutung aber ist, daß dadurch die Ansatzmöglichkeiten für empirische Untersuchungen klarer als in den bisherigen Lösungsversuchen zum Ausdruck kommen. Der im nächsten Kapitel dargestellte Lösungsversuch ist danach ausgerichtet.

Die eingehende Kritik der bisherigen theoretischen Lösungsversuche soll hier nur eingeleitet werden. Jeder neue Lösungsversuch ist gleichzeitig Kritik der bisherigen; es soll demnach nicht zu weit vorgegriffen werden.

Das Hauptaugenmerk bei der Lösung des Problems der Wirkung der Besteuerung auf das Arbeitsangebot galt den Steuerwirkungen auf das Arbeitseinkommen. Das zugrunde liegende Denkmodell war die Beziehung Arbeit—Freizeit. Dieses Modell ist der erste wichtige Ansatzpunkt der Kritik und damit gleichzeitig auch Ausgangspunkt für einen neuen Lösungsversuch.

Neben der Besteuerung des Arbeitseinkommens ist auch die Besteuerung des Kapitaleinkommens und des Verbrauchs in der Literatur hinsichtlich ihrer Wirkungen auf das Arbeitsangebot diskutiert worden. Die Ergebnisse haben aber den entscheidenden Nachteil, daß sie nicht auf Grund einer simultanen Betrachtung der Wirkung der Be-

---

[74] Vgl. das Kapitel über die Hypothesen über das Präferenzsystem, insbesondere Annahme 4.

[75] Vgl. dazu etwa *Neumann,* J., *Morgenstern,* O.: Spieltheorie und wirtschaftliches Verhalten, Würzburg 1961; *Ellsberg,* D.: Classic and Current Notions of „Measurable Utility“, in: EJ, Bd. 64 (1954), S. 528—556.

steuerung des Arbeitseinkommens, des gegebenenfalls hinzukommenden Kapitaleinkommens und des Verbrauchs auf das Arbeitsangebot erzielt wurden. Dieser Mangel soll im eigenen Lösungsversuch behoben werden.

Bei den ex-post Fakten der empirischen Untersuchungen ist immer danach zu fragen, was genau sie beweisen oder welche Zusammenhänge sie illustrieren. Man muß sich dabei immer der Annahmen bewußt sein, die gemacht werden, nämlich, daß sich die Vergangenheit bis auf eine Steueränderung in einer voraussagbaren Weise in die Gegenwart weiterentwickelt oder daß ein anderer Berufszweig oder eine andere Region dem Untersuchungsgebiet ähnlich ist, wiederum ausgenommen die Besteuerung, und so als Kontrolle dienen kann.

Es ist zu beachten, daß bei den dargestellten bisherigen Lösungsversuchen die von der Steuer Betroffenen über ihre Meinung über bestimmte Tatsachen gefragt werden; es werden also nicht irgendwelche Marktdaten direkt untersucht. Man darf daher nicht übersehen, daß den daraus gezogenen Schlußfolgerungen kein größerer Wert beizumessen ist als den individuellen Meinungen (die wiederum auf den Annahmen jedes einzelnen beruhen). Was das Ergebnis einer derartigen Untersuchung zeigt, sind jene Steuerwirkungen, die vom Befragten für solche gehalten werden, nicht jedoch die *tatsächlichen* Steuerwirkungen. Daß ein derartiger „Meinungsdurchschnitt“ ein verläßlicheres Resultat ist als die Meinung eines einzelnen Theoretikers, beruht auf zwei durchaus anfechtbaren Annahmen: Erstens, daß sich die Irrtümer einzelner ausgleichen, und zweitens, daß sich für ein bestimmtes Gebiet oder für bestimmte Berufssparten aus der Zusammenfassung von Meinungen so etwas wie ein Gesetz der Steuerwirkungen ableiten läßt[76].

Den am meisten versprechenden Weg zur Lösung von Steuerwirkungsproblemen haben u. E. *Break* und *Rolfe* und *Furness* eingeschlagen. Sie gehen von einem theoretischen Rahmen aus und versuchen diesen mit empirischen Inhalt zu füllen[77]. Die Verbesserung dieses theoretischen Rahmens und damit die Ermöglichung von aussagefähigeren empirischen Untersuchungen haben wir uns im folgenden zur Aufgabe gestellt.

IV. Die Untersuchung der Wirkung der Besteuerung auf das Arbeitsangebot auf der Grundlage einer Theorie der Allokation der Zeit

1. Einleitende Bemerkungen und allgemeine Prämissen

Die Bedeutung des Zusammenhanges zwischen der Besteuerung und der Allokation der Zeit kann durch zwei Hinweise zunächst allgemein angedeutet werden: 1. Die Besteuerung, vor allem die des Einkommens, ist in den letzten Jahrzehnten immer fühlbarer geworden. 2. Die zur Einkommenserzielung verwendete Zeit ist stark zurückgegangen. Steigende Einkommen (daraus folgend: immer mehr Leute bekommen die Steuerprogression zu spüren) und Arbeitszeitverkürzung sind wichtige Merkmale einer Wohlstandsgesellschaft. Grob formuliert könnte man demnach sagen: Der zu untersuchende Zusammenhang erlangt erst in der ökonomischen Situation der Wohlstandsgesellschaft besondere Bedeutung. Noch größeres Interesse verdient dieses Problem in der ökonomischen Situation der Überflußgesellschaft im Sinne *Galbraiths*[1].

Gibt es dieses Problem in einer Armutsgesellschaft? Man ist geneigt, diese Frage ohne lange Überlegungen zu verneinen. Zunächst bedarf der in der Literatur verwendete Begriff Armutsgesellschaft einer Klärung. Meistens wird darunter eine Gesellschaft verstanden, die sich in Entwicklung befindet, also die sogenannten Entwicklungsländer. Dagegen gibt es u. E. die Armutsgesellschaft im engeren Sinne in jeder der drei genannten ökonomischen Situationen, wenn auch in unterschiedlichem Ausmaß.

Für eine Gesellschaft in Entwicklung gibt es nur einen unbedeutenden Problemzusammenhang zwischen Besteuerung und Allokation der Zeit. Ein Großteil der Mitglieder einer solchen Gesellschaft strebt von vornherein nur ein Subsistenzeinkommen an[2]. Dieses bleibt nach den Steuergrundsätzen in den entwickelten Gesellschaften steuerfrei. Um überhaupt zu Steuereinnahmen aus diesem betreffenden großen Kreis der Bevölkerung zu kommen, müssen sich die Regierungen mit der Einhebung einer Kopfsteuer behelfen. Die Leute sind also gezwungen, Mehrarbeit auf sich zu nehmen, um die Steuer bezahlen zu können[3].

Ein interessanter Aspekt der Problemverknüpfung Besteuerung — Allokation der Zeit hat sich in jüngster Zeit in den Vereinigten Staaten ergeben. Im Zusammenhang mit der Bekämpfung der Armut (man könnte auch sagen: der Auflösung oder zumindest der Reduzierung der Armutsgesellschaft) ist eine Diskussion um die Einführung einer negativen Einkommensteuer in Fluß gekommen[4].

---

76 Vgl. *Collier,* R. P.: Some Empirical Evidence of Tax Incidence, in: NTJ, Bd. 11 (1958), S. 35—55, hier S. 42.

77 Vgl. *Collier,* R. P.: Empirical Evidence, a.a.O., S. 43.

1 Vgl. *Galbraith,* J. K.: The Affluent Society, Cambridge, Boston 1958; deutsch: Gesellschaft im Überfluß, München, Zürich 1959.

2 Die Gründe dafür sind vielfältig und hier nicht zu untersuchen. Es sind jedenfalls sehr häufig (eine Rolle spielt auch die frühere Ausbeutung durch die Kolonialmächte) auch die Gründe dafür, daß sich die Gesellschaft erst (oder noch) in Entwicklung befindet.

3 In diesem Zusammenhang interessant sind die Spekulationen Smiths über eine Gesellschaft von Minimierern. *Smith,* H.: The Minimal Economy, in: EJ, Bd. 75 (1965), S. 31—43.

4 Vgl. dazu etwa *Lampman,* R. J.: Approaches to the Reduction of Poverty, in: AER, Bd. 55 (1965), S. 521—529; *Gallaway,* L. E.: Negative Income Taxes

Eine Variante[5] einer negativen Einkommensbesteuerung möge als Beispiel zur Erläuterung der Problematik dienen. Die Regierung Johnson sieht für eine 4köpfige Familie ein Jahreseinkommen von $ 3.000 als „poverty line" an. Wenn eine Familie ein Jahreseinkommen von nur $ 2.000 hat, so ist der „poverty gap" $ 1.000. Die negative Einkommensteuer würde der Familie eine Subvention bezahlen, die sich aus der Anwendung des negativen Steuersatzes auf den „poverty gap", hier $ 1.000, ergibt. Bei einem Steuersatz von 50 % würde die Familie $ 500 erhalten. Es ist offensichtlich, daß der anzuwendende Steuersatz die zentrale Frage darstellt; denn bei zu hohen Sätzen könnte es zu einer Verminderung des Arbeitsangebotes der Armen kommen. Eine empirische Untersuchung *Boskins* ergab, daß eine negative Einkommensteuer bei einem Steuersatz von 50 % sehr viel zu einer Verringerung der Armut beitragen würde; die Wirkung auf das Arbeitsangebot wäre dagegen aller Wahrscheinlichkeit nach unbedeutend[6].

Nach den obigen Ausführungen steht die erste allgemeine Prämisse für den folgenden Lösungsversuch fest: Die ökonomische Situation der Wohlstandsgesellschaft. Die Überflußgesellschaft nach der Definition Galbraiths ist als Spezialfall einer Wohlstandsgesellschaft mitinbegriffen. Über die Vorstellungen von einer Wohlstandsgesellschaft besteht in der Literatur im großen und ganzen Einigkeit[7]. Durch drei Merkmale erscheint die Wohlstandsgesellschaft treffend charakterisiert: 1. Ein großes Güterangebot, das möglichst allen Menschen eines Landes, jedenfalls aber einer absolut wie relativ immer größer werdenden Zahl dieser Menschen erlaubt, auch solche Bedürfnisse zu befriedigen, die weit über das Existenzminimum hinausgehen. 2. Möglichst alle Menschen eines Landes, jedenfalls aber eine absolut wie relativ steigende Zahl dieser Menschen haben ein Einkommen, das neben der hohen Bedürfnisbefriedigung auch noch die Bildung von Ersparnissen ermöglicht. 3. Möglichst alle Menschen eines Landes, jedenfalls aber eine absolut wie relativ steigende Zahl dieser Menschen können sich an der Ausübung der wirtschaftlichen Macht in etwa gleicher Weise beteiligen[8].

---

and the Elimination of Poverty, in: NTJ, Bd. 19 (1966), S. 298—307; *Boskin,* M. J.: The Negative Income Tax and the Supply of Work Effort, in: NTJ, Bd. 20 (1967), S. 353—367.

[5] Vgl. *Boskin,* M. J.: The Negative Income Tax, a.a.O., S. 353.

[6] Boskin befragte die arme Negerbevölkerung in den Städten Oakland und Berkeley (Kalifornien). Näheres über die ausgewählte Stichprobe und die Interviewmethode findet sich in Boskins Aufsatz auf S. 357 ff.

[7] Vgl. u. a. *Galbraith,* J. K.: Gesellschaft im Überfluß, a.a.O.; *Zahn,* E.: Soziologie der Prosperität. Wirtschaft und Gesellschaft im Zeichen des Wohlstandes, München 1964; *Neumark,* F.: Wandlungen in den Auffassungen vom Volkswohlstand, Frankfurt a. M. 1964; *Loitlsberger,* E.: Herbeiführung der Wohlstandsgesellschaft, unveröffentlichtes Manuskript.

[8] Vgl. dazu *Zahn,* E.: Soziologie der Prosperität, a.a.O., S. 12 f., der folgende Merkmale für eine Wohlstandsgesellschaft anführt, die in die von uns genann-

Die zweite allgemeine Prämisse für unseren Lösungsversuch ist das Bestehen einer freiheitlichen Wirtschafts- und Gesellschaftsordnung. Unterschiede zum sozialistischen Wirtschafts- und Gesellschaftssystem liegen vor allem in der abweichenden Gestaltung der Eigentumsordnung. Ohne nähere Begründung kann gesagt werden, daß viele Probleme der Steuerwirkungen in einer kollektivistischen Wirtschaftsordnung einfacher liegen oder gar nicht existent sind. „Im Sozialismus ... sind die Steuerwirkungen — zumindest in der Theorie — geplant, d. h. vorausgesehen, was — vom Gesichtspunkt der Planer aus betrachtet — ihre Ungerechtigkeit und Unerwünschtheit prinzipiell ausschließt[9].“ Anderseits sind in einer solchen Wirtschaftsverfassung auch die Möglichkeiten der Steuerpolitik begrenzter[10].

2. Eine Theorie der Allokation der Zeit

Über Aufgabe und Sinn der Wirtschaft gibt es eine Reihe von Bestimmungsversuchen. Eine allgemeingültige Begriffsbestimmung erscheint uns nicht notwendig; sie dürfte auch unmöglich sein. Unter Wirtschaft kann man u. a. die Allokation knapper Mittel verstehen. Für unsere Überlegungen ist in erster Linie die Zeit ein knappes Gut[11].

Es geht uns um eine Spezifikation der Wahltheorie zwischen Einkommen und Freizeit[12], die zur Untersuchung von Steuerwirkungen besser geeignet ist als das traditionelle leisure-work-Modell. Um das Zurückblättern zu ersparen, sei es gestattet, dieses Modell noch einmal kurz zu beschreiben. Die traditionelle Analyse der Allokation der

---

ten drei Punkte leicht einzuordnen sind: Einkommenszunahme der breiten Bevölkerung, Verlängerung der Freizeit, größere soziale Sicherheit, höhere Lebenserwartung, Verbreitung höherer Schulbildung, Sublimierung der beruflichen Arbeit, zunehmende Eigentumsbildung, wachsende Freizügigkeit, Demokratisierung der Lebensverhältnisse.

9 *Varga,* S.: Über den eigenartigen Charakter der sozialistischen Finanzwissenschaft, in: ZgSt, Bd. 119 (1963), S. 83—117, hier S. 107.

10 Vgl. hierzu *Schmölders,* G.: Steuersystem und Wettbewerbsordnung, a.a.O.; *Koch,* W.: Steuerpolitik, in: HdS, Bd. 10, a.a.O., S. 124—136.

11 *Arndt,* H.: Mikroökonomische Theorie, 1. Bd. (Marktgleichgewicht), Tübingen 1966, schreibt in einer Fußnote auf S. 17: „Selbst wer die Mittel für einen konstanten Bedarf mit einem Minimum an Zeitaufwand zu verdienen trachtet, wirtschaftet. Sein unbegrenztes Bedürfnis ist in diesem Fall die Muße. Knapp ist für ihn primär die Zeit ...“. — Vgl. dazu den Versuch der Konstruktion einer „Minimal Economy“ von *Smith,* H.: The Minimal Economy, a.a.O.

12 Die hierzu vorhandene Literatur ist nicht sehr umfangreich. Insbesondere wurden herangezogen: *Winston,* G. C.: Income and the Aggregate Allocation of Effort, in: AER, Papers and Proceedings (1965), S. 375—385; *Becker,* G. J.: A Theory of the Allocation of Time, in: EJ, Bd. 75 (1965), S. 493—517; *Winston,* G. C.: An International Comparison of Income and Hours of Work, in: REStat, Bd. 48 (1966), S. 28—39; *Henderson,* J. M. und *Quandt,* R. E.: Microeconomic Theory, New York 1958; deutsch: Mikroökonomische Theorie, Berlin und Frankfurt a. M. 1967. Im weiteren ist natürlich die gesamte Literatur über Nutzen und Nutzenmessung einschlägig.

Arbeit ist nichts anderes als eine Variante der Analyse der Güternachfrage, wobei das Einkommen durch den Einsatz von Zeit erworben wird. Das Einkommen bedeutet Verfügungsgewalt über wirtschaftliche Güter und Dienste. Die Freizeit ist die zurückbehaltene Nachfrage nach Zeit. Das Individuum maximiert den Nutzen, in dem es jene Kombination von Einkommen und Freizeit wählt, bei der der Preis des Einkommens ausgedrückt in Arbeit[13] gleich der Grenzrate der Substitution von Einkommen durch Freizeit ist. Dabei gelten folgende Prämissen: Das Individuum kann die Allokation seiner Arbeit frei variieren; es bezieht das gesamte Einkommen durch die Allokation von Arbeit; sein Preisverhalten ist rational; seine Indifferenzkurven verlaufen konvex zum Ursprung und stetig.

Kann nun eine bestimmte Aussage über die Reaktion des Individuums auf die Änderung des „Arbeitspreises" des Einkommens gemacht werden? Die Antwort ist schon bekannt: Nein. Die Reaktion hängt davon ab, ob der Substitutions- oder der Einkommenseffekt dominiert, denn sowohl das Einkommensniveau als auch die relativen Preise für Einkommen und Freizeit werden verändert. Alle Autoren[14], die sich mit diesem Problem beschäftigt haben, weisen an diesem Punkt der theoretischen Argumentation auf die Notwendigkeit empirischer Untersuchungen hin, um diese Unbestimmtheit zu beseitigen.

Das in der Folge zu entwickelnde Allokationsmodell der Zeit wird diese Unbestimmtheit ebenfalls nicht mit einem Schlag beseitigen können. Eine rein deduktive Lösung dieses Problems erscheint auch uns unmöglich. Es erscheint uns hingegen möglich, die Bedeutung einer möglichen Ursache für die Änderung des Arbeitspreises des Einkommens, nämlich eine Steueränderung, in einem theoretischen Modell klarer herauszuarbeiten.

a) Die grundlegenden Annahmen

Die für unsere Analyse herangezogene Wirtschaftseinheit ist ein Haushalt, der sowohl Konsument als auch Produzent ist. Dieser ist aber nicht im Sinne eines Haushalts-Unternehmens (z. B. Bauernhof) zu verstehen, wo die Mitglieder einer Familie im eigenen Betrieb sowohl für den Markt als auch für den eigenen Bedarf produzieren[15]. Vielmehr ist darunter ein Haushalt zu verstehen, der durch den Einsatz von Marktgütern und Zeit nach dem Prinzip der Minimalkostenkombina-

[13] Es sei noch einmal bemerkt, daß in der angelsächsischen Literatur die Arbeit mit *effort* (eigentlich: Anstrengung, Mühe) bezeichnet wird. Diese Übersetzung gibt u. E. den Sachverhalt richtig wieder.

[14] Vgl. Fußnote 12 dieses Kapitels.

[15] Vgl. *Arndt,* H.: Mikroökonomische Theorie, Bd. 1, a.a.O., S. 24. Er spricht von einem Haushalts-Unternehmen als Mixta Composita.

tion Produkte herstellt, die schließlich in seine Nutzenfunktion eingehen[16]. Es wird die gesamte zur Verfügung stehende Zeit, also auch die Zeit, die nicht der Arbeit gewidmet ist, in die Betrachtung einbezogen. Die spezifizierte Wahltheorie enthält die Zeitkosten, die unter dem gleichen Gesichtspunkt wie die Kosten der Marktgüter behandelt werden.

Anders formuliert könnte man sagen, daß ein Lösungsversuch über eine Theorie der Allokation der Zeit zwischen verschiedenen Aktivitäten gemacht werden soll. Die Arbeit (zur Erzielung von Einkommen) ist nur eine bestimmte Aktivität, der Zeit zugeteilt werden kann. Dabei bedeutet es keinen grundsätzlichen Unterschied, ob das Angebot der Arbeit über den Arbeitsmarkt (unselbständig Erwerbstätige) erfolgt oder ob es sich um das Arbeitsangebot eines freiberuflich oder unternehmerisch selbständig Tätigen handelt[17].

b) Die Allokation der Zeit zwischen arbeits- und konsumorientierten Aktivitäten

Wir haben schon bei den grundlegenden Annahmen festgestellt, daß die Arbeit nur eine der möglichen Aktivitäten ist, der Zeit zugeteilt werden kann. Die Arbeit (genau: Jene Zeit, die man am Arbeitsplatz verbringt), ist die wichtigste, aber nicht die einzige arbeitsorientierte Aktivität. Selbst wenn ein Haushaltsvorstand das Geldeinkommen maximiert, kann er nicht die ganze Zeit am Arbeitsplatz verbringen. Um seine Leistungsfähigkeit zu erhalten, muß er schlafen, essen und ein Mindestmaß an Freizeit (hier im Sinne von Erholungszeit) haben[18].

Das alles sind arbeitsorientierte Aktivitäten, die den Einsatz von Zeit und anderen Mitteln (z. B. Marktgüter für das Essen) erfordern. Dieser Extremfall eines das Geldeinkommen maximierenden Haushalts entspricht nicht unserer allgemeinen Prämisse einer ökonomischen Situation der Wohlstandsgesellschaft. Der Haushalt in unserer Untersuchung ist ein Nutzenmaximierer, der sowohl Einkommen als auch Freizeit (noch einmal grob formuliert) haben möchte[19].

---

16 Vgl. *Becker*, G. S.: Theory, a.a.O., S. 495 und 516.

17 Einen Lösungsversuch in dieser Richtung, und zwar für „Unternehmer" („... jenen Personen ..., die in Betrieben Entscheidungen von einer gewissen ... Mindestreichweite zu treffen haben." Fußnote 1, a.a.O., S. 6) hat vor einiger Zeit Moxter vorgelegt. *Moxter*, A.: Präferenzstruktur und Aktivitätsfunktion des Unternehmers, in: ZfbF, NF, 16. Jg. (1964), S. 6—35.

18 Vgl. dazu *Stackelberg*, H.: Grundlagen, a.a.O., S. 277 ff., insbesondere die graphische Darstellung der möglichen Formen des Arbeitsangebotes des einzelnen Anbieters (S. 281).

19 Eine Frage scheint nicht unberechtigt zu sein: Kann ein Einkommensmaximierer gleichzeitig auch seinen Nutzen maximieren? Diese Frage soll nicht diskutiert werden. Gibt es diese Möglichkeit, dann ist sie jedenfalls aus unserer Untersuchung ausgeschlossen.

Demnach muß noch Zeit übrig bleiben, die konsumorientierten Aktivitäten zugeteilt werden kann. Man verzichtet also auf Geldeinkommen, um einen zusätzlichen Nutzen zu haben[20]. Dieser zusätzliche Nutzen kann z. B. aus einer verlängerten („echten") Freizeit, die einen Urlaub in Spanien ermöglicht, erwachsen; oder daraus, daß man auf eine besser bezahlte Stellung zugunsten einer angenehmeren Beschäftigung verzichtet[21].

Als nächstes ist zu erklären, was unter einem Produkt zu verstehen ist, das der Haushalt durch den Einsatz von Marktgütern und Zeit nach dem Prinzip der Minimalkostenkombination herstellt. Erst diese Produkte gehen in die Nutzenfunktion des Haushalts ein.

Ein solches in die Nutzenfunktion des Haushalts eingehendes Produkt ist z. B. ein Mittagessen. Es wird durch den Einsatz von Marktgütern (Fleisch-, Fett, Gemüse etc.; Gasherd, Gas, Kühlschrank, Strom, Abwaschmaschine, etc.) und Zeit (Zeit für die Überlegung „Was koche ich?", die Kochzeit selbst, die Zeit, die man zum Essen braucht, etc.) hergestellt. Ein anderes Produkt ist ein Urlaubsaufenthalt in Spanien. Dieser erfordert den Einsatz eines Autos, einer Campingausrüstung, etc. (Marktgüter), aber auch Zeit für die Planung, das Erlernen der Sprache, die Reise und den Aufenthalt selbst.

Bezeichnet man diese Produkte[22] mit P, dann kann man folgende Produktionsfunktion aufstellen:

(1) $$P_i = f_i\,(x_i, T_i)$$

In (1) ist x_i ein Vektor der für die Herstellung des i-ten Produktes verwendeten Marktgüter und T_i ein Vektor der dafür benötigten Zeit. Wie aber ist das x zu verstehen, wenn das Marktgut eine Abwasch-

[20] Das Geldeinkommen, auf das man verzichtet, ist das Maß für die Kosten der Erlangung eines zusätzlichen Nutzens. Damit ist ein Fall für die Anwendung des Opportunitätskostenkalküls gegeben. Das Opportunitätskostenprinzip spielt vor allem in der Theorie der unternehmerischen Entscheidung eine hervorragende Rolle. Da unser Modellhaushalt nichts anderes als eine „kleine Fabrik" ist, in der der Haushaltsvorstand ähnliche Entscheidungen wie der Unternehmer zu treffen hat, ist der Opportunitätskostenkalkül auch in einer Theorie des Haushalts ein geeignetes Instrument. — Vgl. hierzu u. a. *Münstermann*, H.: Die Bedeutung der Opportunitätskosten für unternehmerische Entscheidungen, in: ZfB, Jg. 36 (1966), S. 18—36. Er schreibt: „Opportunitätskostenkalküle lassen sich bei unternehmerischen Entscheidungen stets dann sinnvoll anwenden, wenn Allokationsprobleme vorliegen" (S. 35). Für unseren Haushalt ist ebenfalls ein Allokationsproblem zu lösen.

[21] Vgl. die Ausführungen über die Einflußfaktoren auf die Berufswahl.

[22] Die angelsächsische Literatur hat es mit den Begriffen etwas leichter. Unsere Marktgüter sind dort „goods" oder „market goods"; was wir als Produkt bezeichnen, heißt dort „commodity". In der Verwendung der Bezeichnungen und in den anfänglichen Überlegungen folgen wir weitgehend *Becker*, G. S.: Theory, a.a.O., insbesondere S. 495 ff.

maschine, ein Kühlschrank oder ein Auto ist? Im Falle dieser dauerhaften Konsumgüter bezieht sich das x auf die durch diese Marktgüter erbrachten Dienste.

Es ist auch die Frage naheliegend und zu klären, warum T_i ein Vektor ist. Dies deshalb, weil für die Herstellung verschiedener Produkte (P) auch verschiedene „Zeiten" (T) verwendet werden können, z. B. Tages- oder Nachtstunden (Theaterbesuch) oder die Zeit an Wochentagen oder Wochenenden (Sonntagsausflug).

Schließlich ist noch die Frage der „Gemeinkosten" zu klären, da es ja sehr häufig vorkommen wird, daß Marktgüter und Zeiteinsätze für die Herstellung mehrerer Produkte verwendet werden. Wir nehmen in der Folge vereinfachend an, daß eine genaue Zurechnung zu den einzelnen Produkten möglich ist[23].

Nach der Bestimmung der Begriffe arbeits- und konsumorientierte Aktivitäten und den Erläuterungen zum Begriff Produkt ist nun das Konzept des Totaleinkommens[24] darzulegen.

Die Nutzenfunktion unseres Modellhaushalts hat folgendes Aussehen:

$$U = U\,(P_1, \ldots.\ P_n) \tag{2}$$

Das heißt, der Haushalt kombiniert Zeit und Marktgüter (Vgl. die Produktionsfunktion [1]) um die Produkte P_i zu erzeugen. Die beste Kombination dieser Produkte wird durch die Maximierung der Nutzenfunktion (2) unter Berücksichtigung des Budgetengpasses ausgewählt. Dieser Budgetengpaß ist noch genau zu bestimmen.

Die Nutzenfunktion (2) kann man unter Berücksichtigung von (1) folgendermaße schreiben:

$$U = U\,(x_1, \ldots.,\ x_n;\ T_1, \ldots.\ T_n) \tag{3}$$

Daraus läßt sich erkennen, daß der Budgetengpaß aus zwei Engpässen besteht: 1. Einem Engpaß bei den Ausgaben für Marktgüter, 2. einem Engpaß beim Einsatz von Zeit.

Der Marktgüterengpaß läßt sich mathematisch wie folgt darstellen:

$$\sum_{i=1}^{n} p_i\, x_i = Y \tag{4}$$

p_i ist ein Vektor, der die Preise pro Einheit von x_i angibt; Y ist das Geldeinkommen. Wir nehmen an, daß sich das Geldeinkommen aus

---

[23] Es tauchen hier die gleichen Probleme auf wie bei der Mehrproduktunternehmung. Vgl. *Schneider,* E.: Einführung II, S. 109 ff.

[24] Beckers Bezeichnung dafür ist „full income". *Becker,* G. S.: Theory, a.a.O., S. 497.

zwei Komponenten zusammensetzt, nämlich aus dem Arbeitseinkommen E (engl. earnings) und dem sonstigen Einkommen l. Demnach ist $Y = E + l$. Da das Arbeitseinkommen durch die Allokation von Zeit erzielt wird, kann (4) als

(5) $$\sum_{i=1}^{n} p_i x_i = T_w e + l$$

geschrieben werden. Dabei ist T_w ein Vektor, der die Zeit angibt, die der Arbeit zugeteilt wird. e ist ein Vektor für das Arbeitseinkommen pro Einheit von T_w.

Der Zeitengpaß kann mathematisch durch

(6) $$\sum_{i=1}^{n} T_i = T_c = T - T_w$$

ausgedrückt werden. T_c ist ein Vektor, der die dem Konsum zugeteilte Zeit angibt. T ist ein Vektor für die gesamte zur Verfügung stehende Zeit.

Für die weiteren Überlegungen treffen wir die (durchaus realistische) Annahme, daß Marktgüter durch Zeit substituierbar sind und umgekehrt. Ist das der Fall, dann können die beiden Engpässe (5) und (6) auf einen einzigen Engpaß reduziert werden, weil etwa Zeit über den Umweg des Geldeinkommens in Güter umgewandelt werden kann, in dem weniger Zeit dem Konsum und mehr der Arbeit zugeteilt wird. T_w in (6) explizit ausgedrückt ergibt $T_w = T - T_c$ bzw. $T_w = T - \sum_{i=1}^{n} T_i$

Durch Einsetzen von T_w in (5) kommt man zur Formulierung des Engpasses:

(7) $$\sum_{i=1}^{n} p_i x_i = (T - \sum_{i=1}^{n} T_i) e + l$$

$$\sum_{i=1}^{n} p_i x_i = Te - \sum_{i=1}^{n} T_i e + l$$

$$\sum_{i=1}^{n} p_i x_i + \sum_{i=1}^{n} T_i e = Te + l$$

Die rechte Seite der Gleichung (7) ist nun der Budgetengpaß; er gibt das erzielbare Geldeinkommen an, wenn die gesamte zur Verfügung stehende Zeit der Arbeit gewidmet wird[25]. Dieses Einkommen kann

[25] Das heißt nicht, daß 24 Stunden pro Tag am Arbeitsplatz verbracht werden. Es heißt aber, daß die gesamte zur Verfügung stehende Zeit der Einkommenserzielung gewidmet wird; an eine Nutzenwirkung wird dabei nicht gedacht.

Wenn beispielsweise Sklaven von der Arbeit ausspannen dürfen, dann

für die Herstellung der Produkte P_i entweder direkt — durch die Ausgaben für Marktgüter — oder indirekt — durch den Verzicht auf Einkommen, in dem Zeit für den Konsum statt zur Arbeit verwendet wird — ausgegeben werden. (Linke Seite der Gleichung [7].)

Diesen Budgetengpaß, der gleichzeitig das maximal erzielbare Geldeinkommen darstellt, bezeichnen wir als Totaleinkommen. Diese Konzeption ist aus zwei Gründen vorteilhaft: 1. Wie schon erwähnt, kann Zeit über das Geldeinkommen in Marktgüter umgewandelt werden. 2. Es sind alle Möglichkeiten der Substitution von nichtmonetärem durch monetäres Einkommen enthalten[26].

Wenn wir das Totaleinkommen mit Q, den Teil des Arbeitseinkommens, auf den im Interesse des Gesamtnutzens verzichtet wurde, mit L (= leisure, nun im erweiterten Sinne von konsumorientierten Aktivitäten) und das Geldeinkommen mit Y (siehe Gleichung [4]) bezeichnen, läßt sich folgende Beziehung aufstellen:

$$L(P_1, \ldots, P_n) \equiv Q - Y(P_1, \ldots, P_n) \tag{8}$$

Dieser Zusammenhang ist aus den bisherigen Ausführungen schon klar geworden. L und Y sind Funktionen von P_i, denn wieviel Arbeitseinkünfte erzielt werden und auf wieviel verzichtet wird, hängt vom Produktsatz ab, der gewählt wird. Das Totaleinkommen Q wird entweder direkt für Marktgüter oder indirekt durch den Verzicht auf Geldeinkommen ausgegeben.

Mit anderen Worten heißt das, daß bei der Herstellung eines Produktes P_i direkte und indirekte Kosten anfallen, nämlich Kosten aus der Allokation von Marktgütern und Kosten aus der Allokation von Zeit. Wir wollen kurz auf diese Formulierung eingehen und die sich ergebenden Probleme zu klären versuchen.

Die Produktionsfunktion eines Produktes P_i (1) kann auch wie folgt geschrieben werden:

$$\begin{aligned} T_i &\equiv t_i P_i \\ x_i &\equiv b_i P_i \end{aligned} \tag{9}$$

Dabei ist t_i ein Vektor, der den Zeiteinsatz pro Einheit von P_i angibt; b_i ist ein Vektor, der den Einsatz von Marktgütern pro Einheit von P_i angibt.

---

nur, um ihren output zu maximieren. Oder: Arme Leute müssen ihr Geldeinkommen maximieren, um ihre Überlebenschance zu wahren.

In den genannten Fällen gibt es kein Allokationsproblem der Zeit in unserem Sinne; schon gar nicht kann irgendeine Steuer auf die Allokation der Zeit Einfluß haben. Aus diesem Grund wurde für die vorliegende Untersuchung die Prämisse der ökonomischen Situation der Wohlstandsgesellschaft gesetzt.

[26] Vgl. das Kapitel über Berufswahl und Besteuerung des Arbeitseinkommens.

Verwendet man die Schreibweise von (9) sowie Gleichung (4) in Identität (8), ergibt dies

(10) $$L(P_1, \ldots, P_n) \equiv Q - \sum_{i=1}^{n} p_i b_i P_i \qquad \text{bzw.}$$

$$Q \equiv \sum_{i=1}^{n} p_i b_i P_i + L(P_1, \ldots, P_n)$$

Maximiert man nun die Nutzenfunktion[27] des Haushalts unter Berücksichtigung von (10), dann erhält man

(11) $$U_i = T(p_i b_i + L_i) \ ,$$

wobei $p_i b_i$ die direkte und L_i die indirekte Komponente der Grenzkosten[28] darstellt[29].

Die Frage geht jetzt nach der Zusammensetzung der Grenzkosten eines Produktes P_i, das in die Nutzenfunktion des Haushalts eingeht. Zu diesem Zweck ist das L_i in Gleichung (11) weiter zu untersuchen, denn für die Produkte laufen sowohl direkte als auch indirekte Kosten auf. Aus (8) und (10) ist leicht zu ersehen, daß L eine Funktion der Produkte $P_1, \ldots, P_n$ ist. Die Grenzkosten bekommt man durch die partielle Abteilung nach P_i[30].

(12) $$L_i = \frac{\partial L}{\partial P_i} \qquad \text{bzw.}$$

$$L_i = \frac{\partial L}{\partial T_i}\frac{\partial T_i}{\partial P_i} + \frac{\partial L}{\partial x_i}\frac{\partial x_i}{\partial P_i} \qquad \text{oder}$$

$$L_i = l_i t_i + c_i b_i$$

t_i und b_i gehen aus (9) hervor. Es verbleiben also $l_i = \frac{\partial L}{\partial T_i}$ und $c_i = \frac{\partial L}{\partial x_i}$. l_i ist das Grenzeinkommen (Arbeitseinkommen), auf das man zugunsten einer Mehrverwendung von Zeit für P_i verzichtet hat. c_i ist das Grenzeinkommen (Arbeitseinkommen), auf das man zugunsten einer Mehrverwendung von Marktgütern verzichtet hat.

---

27 Das ist Gleichung (2) unter Anwendung des Totaleinkommenskonzepts.

28 Es sind die Grenzkosten (und nicht die Durchschnittskosten) zu nehmen, weil diese für das Verhalten des Haushalts relevant sind.

29 Die Gleichgewichtsbedingung in (11) folgt auch aus Gleichung (7). Hinter dieser Aufteilung in direkte und indirekte Kosten steckt nichts anderes als die Allokation von Marktgütern und Zeit zu arbeits- und konsumorientierten Aktivitäten.

30 Für die mathematischen Formulierungen wurden als Nachschlagewerke verwendet: *Allen,* R. G. D.: Mathematik für Volks- und Betriebswirte, Berlin 1956; *Bader,* H., *Fröhlich,* S.: Mathematik für Ökonomen, Berlin 1965.

Setzt man nun für L in Gleichung (11) ein, so erhält man

$$U_i = T\,[b_i\,(p_i + c_i) + t_i\,l_i] \tag{13}$$

und damit die Zusammensetzung der Grenzkosten von P_i, nämlich die Grenzkosten aus dem Einsatz von Marktgütern $b_i\,(p_i + c_i)$ und Zeit t_i, l_i. Eine problematische Größe in (13) ist c_i, die Zeitkosten für den Gebrauch von Marktgütern. Diese Kosten können unbedeutend sein, wenn es z. B. darum geht, mehr Lebensmittel einzukaufen. Sie spielen aber bestimmt eine Rolle, wenn man sich etwa sehr lange um Theaterkarten anstellen muß.

Nach der Darstellung der Begriffe der neuen Konzeption gilt es nun, diese auf unser spezielles Steuerwirkungsproblem anzuwenden.

3. Die Wirkung der Besteuerung auf die Allokation der Zeit zwischen arbeits- und konsumorientierten Aktivitäten

a) Die ökonomischen Haupteinflußgrößen auf die Allokation der Zeit

In Übereinstimmung mit den Ausführungen des vorigen Kapitels wollen wir uns in der Folge auf drei ökonomische Einflußgrößen auf die Allokation der Zeit beschränken: Arbeitseinkommen, sonstiges Geldeinkommen und Güterpreise.

Die zu untersuchende Frage lautet demnach: Wie wirken sich durch die Besteuerung hervorgerufene Veränderungen des Arbeitseinkommens, des sonstigen Geldeinkommens und der Güterpreise auf T_w (das ist die für die Erzielung des Arbeitseinkommens aufgewendete Zeit) und auf T_c (das ist die für den Konsum aufgewendete Zeit) aus?

Als wichtigstes analytisches Instrument dienen uns die Unterschiede zwischen den Produkten hinsichtlich der Bedeutung des verzichteten Arbeitseinkommens. Wir werden zu diesem Zweck die Erkenntnisse aus Gleichung (13) heranziehen, wobei wir aus Gründen der einfacheren Darstellung $c_i = 0$ setzen; damit haben wir erreicht, daß die Unterscheidung zwischen direkten und indirekten Kosten gleichbedeutend ist mit der Unterscheidung in Kosten für Marktgüter und Zeit. Als weitere Vereinfachung wollen wir annehmen, daß für die Herstellung der Produkte Marktgüter und Zeit in einem feststehenden Verhältnis verwendet werden; das heißt nichts anderes, als daß b_i und t_i in Gleichung (9) als Konstante behandelt werden. (Diese letzte Annahme wird später fallengelassen.)

Die „Grenzbedeutung“ des verzichteten Arbeitseinkommens ist folgendermaßen definiert:

(14)
$$\alpha_i = \frac{l_i t_i}{p_i b_i + l_i t_i}$$

Daraus wird ersichtlich, daß die Bedeutung des verzichteten Arbeitseinkommens um so größer ist, je größer l_i (das verzichtete Arbeitseinkommen pro Stunde) und t_i (die Anzahl der Stunden, die für eine Einheit P_i verwendet werden) sind. Andererseits ist α um so kleiner, je größer p_i (die Marktgüterpreise) und b_i (die Anzahl der Marktgüter, die für eine Einheit P_i verwendet werden) sind.

In ähnlicher Weise ist die „Grenzbedeutung“ der Zeit zu definieren[31]:

(15)
$$\beta_i = \frac{t_i}{p_i t_i + l_i t_i}$$

Stellen wir uns jetzt die erste Teilfrage: Welcher Art ist die Auswirkung auf die Allokation der Zeit zwischen arbeits- und konsumorientierten Aktivitäten, wenn durch eine Steuersenkung (z. B. Kapitalertragssteuer) das sonstige Geldeinkommen ansteigt und damit zu einer Erhöhung des Totaleinkommens beiträgt?

Wenn wir uns diesen Sachverhalt in einem Indifferenzkurvenschema vorstellen, so bedeutet dies nichts anderes als eine parallele Verschiebung der Bilanzgeraden (bzw. -kurve) nach rechts. Das heißt, daß keinerlei Änderung in den relativen Preisen der Produkte eintritt; der Konsum müßte bei den meisten Produkten ansteigen. Was geschieht, wenn der Konsum bei allen Produkten ansteigt? In diesem Fall müßte das Arbeitsangebot sinken, weil die gesamte für den Konsum aufgewendete Zeit mit dem Anwachsen des Ausstoßes an Produkten ebenfalls zunimmt. Das wird aus Gleichung (6) sehr deutlich. Das Arbeitsangebot könnte in unserem Fall nur dann steigen, wenn die verhältnismäßig zeitintensiven Produkte (das sind solche mit großem β; siehe Gleichung [15]) in ausreichendem Maße inferior sind[32]. Auf die Inferiorität zeitintensiver Produkte bzw. darauf, daß dies in einer Wohlstandsgesellschaft nicht zutrifft, kommen wir weiter unten noch zu sprechen.

---

[31] Der Nenner in Gleichung (14) und (15) drückt die Grenzkosten von P_i aus. Vgl. dazu Gleichung (13); c_i haben wir (siehe oben) gleich Null gesetzt.

[32] Vgl. *Stackelberg,* H.: Grundlagen, a.a.O., S. 143 ff. — Musgrave meint zu dieser Fragestellung, daß die „Entscheidung zwischen Einkommen und Freizeit durch den Erwerb von Kapitaleinkünften beeinflußt (wird); das kann wiederum den Ausgleich von Einkommens- und Substitutionseffekt, die aus der Steuer folgen, beeinflussen. Kapitaleinkünfte reduzieren die leistungshemmenden Wirkungen der Lohnsteuer, wenn sie den Einkommenseffekt im Vergleich zum Substitutionseffekt verstärken, eine Bedingung, die in den meisten Fällen erfüllt sein dürfte“. *Musgrave,* R. A.: Finanztheorie, a.a.O., S. 199.

Untersuchen wir als nächstes die Frage nach der Auswirkung einer Erhöhung des Arbeitseinkommens durch eine Einkommensteuersenkung, die durch den Rückgang des sonstigen Geldeinkommens kompensiert wird, auf die Allokation der Zeit zwischen arbeits- und konsumorientierten Aktivitäten. Das Totaleinkommen bleibt also unverändert.

Durch die Erhöhung des Arbeitseinkommens erhöhen sich auch die Kosten für alle übrigen Allokationen von Zeit, also jener Zeit, die dem Konsum zugeteilt wird. Weiter ist zu beachten, daß sich die relativen Preise der verschiedenen Produkte ändern, so bald die Bedeutung des verzichteten Arbeitseinkommens nicht für alle Produkte gleich ist; das heißt, daß die Preise jener Produkte mit bedeutendem verzichteten Arbeitseinkommen stärker steigen. Es ist eine Grundaussage der Nachfragetheorie, daß eine kompensierte Änderung in den relativen Preisen (die einen Preise sinken, die anderen steigen) die Haushalte veranlaßt, von den im Preis gestiegenen Produkten weniger zu konsumieren[33]. Eine graphische Darstellung soll diesen Sachverhalt noch anschaulicher machen. (Figur 13.)

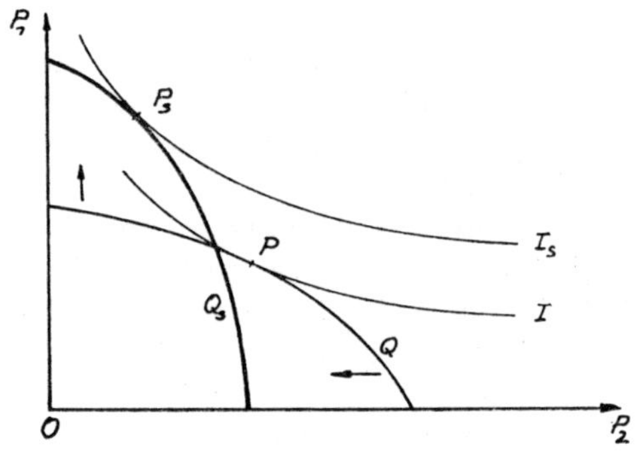

Figur 13

In Figur 13 ist die ursprüngliche Situation des Haushaltes durch den Punkt P gegeben; P_2 ist das arbeitseinkommenintensivere Produkt. Die Bilanzkurve ist folgendermaßen beschrieben:

$$Q = p_1 \, b_1 \, P_1 + p_2 \, b_2 \, P_2 + L \, (P_1, P_2)$$

Die durch eine Einkommensteuersenkung umgeschichtete Zusammensetzung des Totaleinkommens — die Bilanzkurve heißt jetzt $Q_s = p_1$

[33] Vgl. u. a. *Stackelberg*, H.: Grundlagen, a.a.O., S. 163 ff.

$b_1 P_1 + p_2 b_2 P_2 + L_s (P_1, P_2)$ — bewirkt ein Abgehen von den arbeitseinkommenintensiven hin zu den marktgüterintensiven Produkten. Da Arbeitseinkommens- und Zeitintensität positiv korrelieren[34], wird dadurch auch ein Abrücken von den zeitintensiven Produkten hervorgerufen. Das ist aber nicht die letzte Konsequenz. Das Abgehen von solchen Produkten (arbeitseinkommen- und zeitintensiv) hat auch zur Folge, daß die gesamte für den Konsum aufgewendete Zeit reduziert wird und es derart zu einem steigenden Arbeitsangebot kommt[35].

Unsere nächste Frage lautet: Wie wirkt sich eine Einkommensteuersenkung auf die Allokation der Zeit zwischen arbeits- und konsumorientierten Aktivitäten aus, wenn es dadurch zu einer Erhöhung des Totaleinkomms (resultierend aus einer unkompensierten Erhöhung des Arbeitseinkommens) kommt?

Das ist auch die Fragestellung der traditionellen work-leisure-Analyse. Ihre Antwort ist, daß die Wirkung von der Stärke des Substitutions- bzw. Einkommenseffekts abhängt. Bei Dominanz des ersteren käme es zu einer Steigerung des Arbeitsangebotes, im umgekehrten Fall zu einer Reduzierung. Welcher Effekt vorherrscht, kann a priori nicht bestimmt werden.

Welche Beziehung besteht zwischen der traditionellen Analyse und dem hier vorgebrachten Lösungsversuch? Die traditionelle Analyse unterscheidet zwischen Produkten im alltäglichen Sprachgebrauch und einem Produkt mit besonderen Eigenschaften, das leisure genannt wird. In unserer Analyse werden alle Produkte in gleicher Weise behandelt; ihre Unterschiede ergeben sich aus der relativen Arbeitseinkommens- und Zeitintensität. Demnach kann die work-leisure-Analyse als Spezialfall unseres Lösungsversuches angesehen werden, in dem die Kosten des Produktes leisure zur Gänze in verzichtetem Arbeitseinkommen, die Kosten der anderen Produkte zur Gänze in Marktgütern bestehen.

---

[34] Das gilt zumindest der Tendenz nach. Siehe auch die Gleichungen (14) und (15).

[35] Becker betont, daß diese Schlußfolgerung ganz allgemein gilt, auch wenn sich Haushalte irrational verhalten. Er meint, daß es nicht erforderlich ist, ausgetüftelte Rechnungen über den Wert der Zeit bei der Arbeit oder beim Konsum aufzustellen; auch die genaue Kenntnis jener Zeiten, die für die verschiedenen Produkte aufgewendet werden, ist nicht unabdingbare Forderung. Änderungen im Arbeitsangebot, sogar bei Haushalten, die keine Maximierer sind und impulsiv, habituell, etc. handeln, würden in der Tendenz positiv zu kompensierten Veränderungen in den Arbeitseinkünften korrelieren, weil auch für solche Haushalte die Nachfragekurve negativ geneigt ist. „Not only utility maximization but also many other decision rules, incorporating a wide variety of irrational behavior, lead to negatively inclined demand curves because of the effect of a change in prices on opportunities.“ (S. 5) *Becker,* G. S.: Irrational Behavior, a.a.O., S. 4 ff.

Dies kann algebraisch folgendermaßen dargestellt werden[36]. Die Einkommensgleichung (Beschränkungsgleichung für Marktgüter) für das Produkt P_1 ist einfach

$$p_1 \, b_1 \, P_1 = Y = T_w \, e + l \ ,$$

die Beschränkungsgleichung für das Produkt P_2 (Zeit) ist

$$t_2 \, P_2 = T - T_w \ .$$

Diese traditionelle work-leisure-Analyse scheint uns nicht haltbar, da im Grunde jede Aktivität sowohl Zeit als auch Marktgüter beansprucht. Die Überlegenheit des hier vorgebrachten Lösungsversuches soll an einigen daraus gezogenen Folgerungen klargemacht werden.

Die zwei Bestimmungsgrößen für die Bedeutung des verzichteten Arbeitseinkommens sind a) jene Zeit, die für Marktgüter pro Geldeinheit (z. B. pro Schilling) aufgewendet wird und b) die Kosten pro Zeiteinheit (Vgl. Gleichung [14]).

---

[36] Das entspricht im wesentlichen der Darstellung von Henderson und Quandt, die als repräsentativ angesehen werden kann. Die Nutzenfunktion ihres Konsumenten ist

$$U = g\,(L, y)$$

wobei L für „Freizeit" steht. Sie setzen voraus, daß der Konsument beides (Einkommen und Freizeit) haben möchte und die Güter in festen Proportionen zu konstanten Preisen kauft. Das Einkommen bedeutet daher die Kaufkraft. Die Substiutionsrate des Einkommens für die Freizeit ist

$$-\frac{dy}{dL} = \frac{g_1}{g_2}$$

Ist die Arbeitsmenge des Konsumenten W, dann gilt

$$L = T - W$$

wobei T die gesamte verfügbare Zeit bezeichnet. Die Einkommensgleichung bei einem Lohnsatz r heißt nun

$$Y = rW$$

Durch Einsetzen in die Nutzenfunktion erhält man

$$U = g\,(T - W, rW) \ .$$

Um den Nutzen zu maximieren, wird die Ableitung der Nutzenfunktion nach W gleich Null gesetzt:

$$\frac{dU}{dW} = -\,g_1 + g_2\,r = 0$$

und somit

$$-\frac{dy}{dL} = \frac{g_1}{g_2} = r$$

Die Substitutionsrate des Einkommens für Freizeit ist gleich dem Lohnsatz. Diese Gleichgewichtsbedingung ist nur ein Spezialfall unserer Gleichung (13). Vgl. *Henderson,* J. M., *Quandt,* R. E.: Mikroökonomische Theorie, a.a.O., S. 24 f.

Wären die Zeitkosten für alle Produkte die gleichen, würde die Bedeutung des verzichteten Arbeitseinkommens allein von der Zeitintensität bestimmt. Das trifft in der Realität aber nicht zu. So werden etwa die Zeitkosten an Wochenenden oder in den Abendstunden geringer sein, außer es werden für Arbeiten während dieser Zeiten besondere Prämien bezahlt; für diesen Fall sind die Zeitkosten beträchtlich höher. Diese Zeitkosten werden andererseits durch den zur Anwendung kommenden hohen Marginalsteuersatz wieder gesenkt. Ob es im genannten Fall zu einer Erhöhung des Arbeitsangebotes (Überstunden, Wochenendarbeiten) kommt, hängt vom Grad der Beeinflussung der Zeitkosten durch die Prämien einerseits und durch die Besteuerung andererseits ab. Wird die Erhöhung der Zeitkosten durch die Prämien durch den Einfluß der Besteuerung überkompensiert, dann dürfte es zu keiner Erhöhung des Arbeitsangebotes kommen.

Eine Implikation unserer Analyse ist auch der sogenannte „produktive Konsum“[37]. Die Zeitkosten für Produkte, die zur Arbeitsproduktivität beitragen, wie etwa eine bestimmte Zeit zum Schlafen, Essen, Unterhaltung, Sport, sind relativ geringer. Die Opportunitätskosten der Zeit (das ist deren nächstbeste Verwendungsmöglichkeit) sind für diese Produkte geringer, weil sie indirekt zum Arbeitseinkommen beitragen. Der produktive Konsum umfaßt also jene Produkte, die sowohl zur Arbeit als auch zum Konsum beitragen. Das läßt die Frage aufkommen, was nun eigentlich „reine“ Produkte sind. Man kann die reine Arbeit als Grenzprodukt solcher verbundener Produkte auffassen; ihr Beitrag zum Konsum ist Null. Der reine Konsum ist dann das Grenzprodukt in die andere Richtung, wobei der Beitrag zur Arbeit Null ist. Alle Produkte zwischen diesen Grenzen tragen sowohl zur Arbeit als auch zum Konsum bei. Je bedeutender der Beitrag zur Arbeit im Verhältnis zum Konsum ist, desto geringer wird die relative Bedeutung des verzichteten Arbeitseinkommens sein.

Das führt zu folgender wichtigen Schlußfolgerung: Die Wirkungen von Veränderungen (z. B. durch Steueränderungen) des Arbeitseinkommens, des sonstigen Geldeinkommens und der Güterpreise auf das Arbeitsangebot sind im wesentlichen ein Spezialfall ihrer Wirkungen auf den Konsum von weniger arbeitseinkommenintensiven Produkten[38].

So wird eine Erhöhung des Arbeitseinkommens zu einem Ansteigen der Preise jener Produkte führen, in denen relativ viel verzichtetes Arbeitseinkommen steckt; das verursacht eine Substitution solcher Produkte und eine Erhöhung des Arbeitsangebotes.

---

[37] Vgl. *Becker,* G. S.: Theory, a.a.O., S. 503, der bemängelt, daß „productive consumption has had a long but bandit-like existence in economic thought ...“.

[38] Vgl. *Becker,* G. S.: Theorie, a.a.O., S. 504.

Wie liegt der Fall, wenn die Preise der Marktgüter durch eine Umsatzsteuersenkung fallen? Das muß zum gleichen Ergebnis führen, wie in der Annahme vorher, da die Wirkungen von Änderungen in den direkten und indirekten Kosten symmetrisch sind, also zu einer Substitution der arbeitseinkommenintensiven Produkte und zu einer Erhöhung des Arbeitsangebotes.

Wir haben bisher immer eine Senkung der Einkommensteuer angenommen, was zu einer Erhöhung des Arbeitseinkommens führte. Wie wirkt sich eine Einkommensteuererhöhung auf das Arbeitsangebot aus?

Die traditionelle work-leisure-Analyse kommt zu dem Ergebnis, daß bei einer Erhöhung der Einkommensteuer eine Substitution von Arbeit durch Freizeit stattfindet. In der Terminologie unseres Lösungsversuches heißt das, daß es zu einer Substitution durch zeitintensiven Konsum kommt. Damit ist aber die Aussagekraft unseres Ansatzes nicht erschöpft. Wenn z. B. eine Einkommensteuererhöhung mit einer Verbrauchsteuer auf Marktgüter, die zur Herstellung zeitintensiver Produkte verwendet werden, kombiniert ist, so braucht es nicht zu einer Änderung in den relativen Preisen kommen und daraus folgend auch zu keiner Verminderung des Arbeitsangebotes[39].

Für die vorangegangenen Fragestellungen und Antworten wurden der Zeiteinsatz t_i und der Einsatz von Marktgütern b_i bei der Herstellung eines Produktes P_i als konstant angenommen. Trotzdem war eine Substitutionsmöglichkeit gegeben, da für die verschiedenen Produkte Zeit und Marktgüter in unterschiedlichen Proportionen verwendet wurden. Für die folgenden Überlegungen wird die Bedingung des feststehenden Verhältnisses von Zeit- und Marktgütereinsatz für die Herstellung von Produkten fallengelassen.

Im Anschluß an die Ausführungen weiter oben können wir schließen, daß ein Ansteigen der Zeitkosten im Verhältnis zu den Marktgüterkosten eine Verringerung des Zeiteinsatzes und eine Steigerung des Gütereinsatzes pro Produkteinheit herbeiführt. Eine Erhöhung des Arbeitseinkommens (infolge einer Steuersenkung) verursacht einmal eine Substitution weg von den arbeitseinkommenintensiven Produkten; das ist implizite auch das Ergebnis der work-leisure-Analyse. Zum zweiten kommt es aber auch zu einer Substitution von Zeit durch Marktgüter bei der Herstellung jedes Produktes. Die Veränderung der Zeit- und Marktgüterkoeffizienten (t_i und b_i) infolge einer Änderung ihrer relativen Kosten wird durch die Substitutionselastizität unter-

[39] Zu ähnlichen Ergebnissen kommt *Harberger,* A. C.: The Role of Direct and Indirect Taxes in the Federal Reserve System, National Bureau of Economic Research, 1964, insbesondere „Taxation, Resource Allocation and Welfare".

einander bestimmt, welche von Produkt zu Produkt variieren wird. Hier kann nur eine empirische Untersuchung weiterhelfen.

Diese letzten Feststellungen leiten zu einer näheren Betrachtung der Tatsache über, daß die Menschen in einer Wohlstandsgesellschaft mit der Zeit sehr wirtschaftlich umgehen. In einer derartigen ökonomischen Situation kann nicht die Rede davon sein, daß die Zeit ein inferiores Gut ist. Die Tendenz zur Verminderung der Arbeitszeit während der letzten Jahrzehnte und eine gleichzeitige Vermehrung der Freizeit in den entwickelten Ländern hat die Zeit durchaus nicht zu einem abundanten Gut gemacht. Die tägliche Anschauung liefert genug Beweise, daß die Leute sehr sorgfältig mit ihrer „freien" Zeit umgehen! Auf die Verbesserung der Produktivität der Zeit für Konsumzwecke wird ein immer größeres Augenmerk gelenkt. Man denke etwa an das Anwachsen des Individualverkehrs (Automobile), an die Einrichtung von Supermärkten, an den elektrischen Rasierapparat und vor allem an das Telefon. Es ist eine Tatsache, daß Leute in reichen Ländern (das Musterbeispiel sind die Vereinigten Staaten) mit Marktgütern (vor allem mit Lebensmitteln) verschwenderischer umgehen als die Menschen in ärmeren Ländern, andererseits aber sehr „zeitbewußt" sind.

b) Die metaökonomischen Einflußgrößen auf die Allokation der Zeit

Wir haben im vorigen Kapitel die Wirkung der Besteuerung auf die ökonomischen Haupteinflußgrößen auf die Allokation der Zeit zwischen arbeits- und konsumorientierten Aktivitäten untersucht. Dabei haben wir angenommen, daß eine Änderung des Totaleinkommens infolge einer Steueränderung bei den Betroffenen die gleichen Reaktionen auslöst wie eine Änderung gleichen Ausmaßes, die durch andere Markteinflüsse verursacht wird. Das erscheint uns theoretisch auch nicht anders möglich. Die Notwendigkeit der Abstraktion von metaökonomischen Einflußgrößen bei einem theoretischen Lösungsversuch darf aber nicht dazu verleiten, derartige Faktoren unberücksichtigt zu lassen oder sie für unwichtig zu halten. Zwei Erscheinungen sind es, die besondere Aufmerksamkeit verdienen, nämlich das Rangmotiv[40] und der Grolleffekt[41]. Wir wollen uns zuerst dem Rangmotiv zuwenden, weil es ursächlich vor dem Grolleffekt zur Wirkung kommt.

Man kann vereinfachend sagen, daß unser theoretischer Lösungsversuch eine Analyse des menschlichen Verhaltens aus ökonomischen Nutzenerwägungen heraus ist; oder anders: eine Analyse des mensch-

---

40 Im Anschluß an *Schmidt*, K.: Die Steuerprogression, a.a.O., S. 113.
41 Nach *Musgrave*, R. A.: Finanztheorie, a.a.O., S. 191.

lichen Verhaltens insoweit es vom Ertragsmotiv[42] bestimmt ist. Hängt das menschliche Verhalten von der Bedeutung des Arbeitseinkommens, Vermögens (sonstiges Geldeinkommen) und Konsums (Güterpreise) für das Sozialprestige ab, sprechen wir vom Rangmotiv[43]. *Gerloff* schreibt über diesen Zusammenhang, „daß der Mensch in seinem wirtschaftlichen Verhalten nicht ausschließlich nach ökonomischen Nutzenerwägungen handelt", sondern daß er „in seinem gesellschaftlichen Dasein viel mehr homo ambitiosus ... als homo oeconomicus" ist[44]. Die Konzeption des homo oeconomicus hat in der modernen Wirtschaftstheorie bei weitem nicht mehr die Geltung, die sie in der klassischen Theorie hatte. Das gilt in hervorragendem Maße für alle Probleme der Steuerwirkungslehre. Homo ambitiosus ist der Mensch nur — das geht aus der Formulierung Gerloffs klar hervor — in der Gruppe bzw. in der Gesellschaft.

Unser theoretischer Lösungsversuch ist ein mikroökonomisches Modell. Wenn das Rangmotiv für den homo ambitiosus eine bedeutende metaökonomische Einflußgröße auf die Allokation der Zeit zwischen arbeits- und konsumorientierten Aktivitäten darstellt, dann begeben wir uns bei Einbeziehung dieser in die Untersuchung auf wesentlich makroökonomisches Gebiet. Gegen die Anwendung von mikroökonomischen Modellen beim Studium makroökonomischer Zusammenhänge ist grundsätzlich solange nichts einzuwenden, als keine bedeutsamen Aggregationsprobleme auftauchen[45]. Oder anders ausgedrückt: Sind die Reaktionen unseres Modellhaushalts die eines typischen Mitglieds einer Gruppe oder Gesellschaft, dann ergeben sich keine Aggregationsprobleme. Das ist leider nicht der Fall. Für einen isolierten Haushalt gibt es kein Rangmotiv; andererseits ist das Vorhandensein von Rangmotiven in der Wirklichkeit eine nicht wegzuleugnende Tatsache.

Wir blenden auf unser Allokationsmodell zurück und stellen die Frage: Welche Wirkungen ergeben sich aus dem Rangmotiv auf die Allokation der Zeit zwischen arbeits- und konsumorientierten Aktivi-

---

[42] Wiederum im Anschluß an *Schmidt*, K.: Die Steuerprogression, a.a.O., S. 113.

[43] Die Beschränkung auf die genannten Statusanzeichen erfolgt schon deshalb, weil diese in Geldeinheiten quantifizierbar sind. Andere Rangsysteme wie etwa Herkunft und Bildung sind sicher auch wichtig, aber doch sehr schwer erfaßbar.

[44] *Gerloff*, W.: Die Problematik hoher Steuerbelastung in der Marktwirtschaft, in: Beiträge zur Finanzwissenschaft und Geldtheorie, Göttingen 1953, S. 24.

[45] Vgl. *Machlup*, F.: Der Wettstreit zwischen Mikro- und Makrotheorien in der Nationalökonomie, Tübingen 1960, passim.

täten? Oder: Welche Wirkungen ergeben sich aus dem Rangmotiv auf die Zusammensetzung des Totaleinkommens[46]?

Wir haben weiter oben festgestellt, daß wir von Rangmotiv sprechen, wenn das menschliche Verhalten von der Bedeutung des Arbeitseinkommens, Vermögens und Konsums für das Sozialprestige abhängt. Es ist zunächst nicht eindeutig, ob die aus dem Rangmotiv resultierenden „Protzeffekte" zu einer Erhöhung der Allokation der Zeit zu arbeitsorientierten oder zu konsumorientierten Aktivitäten führen; vor allem, wenn man an den von *Veblen* geprägten Begriff „conspicuous leisure" denkt. Doch wenn er schreibt, daß „a life of leisure is the readiest and most conclusive evidence of pecuniary strength ... provided always that the gentleman of leisure can live in manifest ease and comfort"[47], wird deutlich, daß diese „conspicuous leisure" das Ergebnis eines hohen Einkommens und nicht ein Substitut dafür ist.

Die „Protzeffekte" führen also zu einer Reallokation der Zeit; die Verschiebung innerhalb des Totaleinkommens erfolgt hin zum Arbeitseinkommen. Dieses hat nicht mehr allein Bedeutung als Engpaß für Ausgaben für Marktgüter, sondern es verleiht dem Individuum zusätzliche Befriedigung (Zusatznutzen) als Kennzeichen sozialer Distinktion, wenn es im Verhältnis zu den Einkommen der anderen Mitglieder der Gruppe oder Gesellschaft hoch ist; ist es dagegen verhältnismäßig niedrig, wird es als soziales Brandmal empfunden, woraus eine Nutzeneinbuße resultiert[48].

Einen interessanten Erklärungsversuch über den Einfluß des relativen Einkommens auf die Allokation der Zeit liefert *Winston*. Er meint, daß dieser Einfluß offensichtlich wird, „if we define a demonstration effect as an increase in an individual's valuation of income relative to leisure as his effort-price of income is increasingly different from the mean effort-price of his society[49]."

---

[46] Um das Zurückblättern zu ersparen: Das Totaleinkommen ist der aus dem Ausgabenengpaß für Marktgüter und dem Zeitengpaß kombinierte Budgetengpaß für die Herstellung der Produkte P_i, die in die Nutzenfunktion des Haushaltes eingehen.

[47] *Veblen*, T.: The Theory of the Leisure Class, New York 1953, S. 43. „Conspicuous leisure" ist mit auffallender Freizeit(-gestaltung) oder vielleicht sogar mit angeberischer Freizeit(-gestaltung) zu übersetzen.

[48] Über die Bedeutung des relativen Einkommens als Bestimmungsgröße für den Gesamtnutzen, den das Individuum aus dem Einkommen hat, schreiben neben Veblen auch Knight, F. H.: Risk, Uncertainty and Profit, a.a.O., und Duesenberry, J. S.: Income, Saving, and the Theory of Consumer Behavior, Cambridge, Mass. 1949; über mögliche Einflüsse der Relativität des Einkommens auf die Allokation der Zeit zur Einkommenserzielung und Freizeit (das ist die Formulierung des bisherigen Lösungsversuches) finden sich allerdings keine Hinweise.

[49] *Winston*, G.: Income and Aggregate Allocation of Effort, a.a.O., S. 380.

Gegen einen „demonstration effect“ empfindliche Personen werden das Einkommen zu irgend einem Arbeitspreis (effort-price), der anders ist als der im Durchschnitt in der Gesellschaft vorherrschende, höher einschätzen als Freizeit.

Diese in Anlehnung an die Terminologie *Robbins*[50] gefundene Definition des „demonstration effect“ weicht von früheren Diskussionen ab, in denen von Unterschieden im Einkommensniveau gesprochen wurde. Ist die von einem Individuum der Einkommenserzielung zugeteilte Zeit institutionell bestimmt, dann besteht kein Unterschied mehr zwischen dem „demonstration effect“ definiert nach dem Einkommensniveau und dem, der nach dem Arbeitspreis des Einkommens definiert wird. Im Extremfall ist das Einkommensniveau gleich dem Verhältnis von fixierter Arbeitszeit zum Arbeitspreis. Diese Übereinstimmung gilt aber nicht für jene Gruppen einer Gesellschaft, deren Individuen Freiheit in der Allokation ihrer Zeit haben[51].

Die Probleme des menschlichen Verhaltens aus dem Rangmotiv heraus sind damit für unsere Zwecke ausreichend angedeutet. Die intensive Befassung damit bleibt der Sozialpsychologie überlassen. Auf unser spezielles Steuerwirkungsproblem abgestellt muß die Fragestellung lauten: Wie wird das unter alleiniger Beachtung des Ertragsmotivs erhaltene Ergebnis modifiziert, wenn man das Rangmotiv berücksichtigt?

Ohne auf die einzelnen vor allem in der Formulierung etwas komplizierten Ergebnisse der früheren theoretischen Abhandlung einzugehen, wollen wir den gefragten Zusammenhang am Beispiel einer progressiven Einkommensteuer kurz erläutern. Wie wirkt eine gegebene progressive Besteuerung des Einkommens auf eine mögliche Reallokation der Zeit zwischen arbeits- und konsumorientierten Aktivitäten?

Unter dem Gesichtspunkt des Ertragsmotivs wird es nicht zu einer Verschiebung zugunsten der arbeitsorientierten Aktivitäten kommen, da durch die Steuerprogression jede zusätzliche Einkommenseinheit mit einer immer höheren Steuer belastet wird. Wie wird dieses Ergebnis unter Berücksichtigung des Rangmotivs modifiziert? Wir wollen zwei verschiedene Statusanzeichen annehmen, nämlich das Bruttoeinkommen einerseits und den Konsumstandard und Vermögensbesitz andererseits[52].

---

50 Vgl. *Robbins*, L.: Elasticity, a.a.O.

51 Wir erinnern an die empirische Untersuchung von *Break*, G. F.: Income Taxes, a.a.O., der sich eine solche Gruppe (Wirtschaftsprüfer und Rechtsanwälte) vornahm.

52 Vgl. *Schmidt*, K.: Die Steuerprogression, a.a.O., S. 118.

Gilt als Maßstab für den Rangwettstreit die Differenzierung der Bruttoeinkommen, dann wird dieser durch die Progressivbesteuerung nicht beeinträchtigt. Ist hingegen das Statusanzeichen der Konsumstandard und der Vermögensbesitz, dann kommt es entscheidend auf das verfügbare Einkommen an; der Zuwachs dieses Einkommens nimmt infolge der Steuerprogression bei steigendem Bruttoeinkommen immer mehr ab. Dies kann zur Folge haben, daß sich „bei dem Steuerpflichtigen ... ein Verhalten ausbreitet, das in erster Linie auf die Aufrechterhaltung der relativen wirtschaftlichen Situation orientiert ist“[53]. Eine derartige Haltung ist wirtschaftspolitisch äußerst problematisch. Aber auch die Art und Weise, in der viele von der Steuer Betroffene reagieren, wirft zusätzliche Probleme staatpolitischer und sittlicher Natur auf[54]. „Die Steuerpflichtigen werden sich ... nicht nur bzw. nicht mehr so sehr darum bemühen, ihr Bruttoeinkommen zu steigern, sondern auch auf andere Art versuchen, ihr Verfügungseinkommen zu erhöhen. Schwarzarbeit, die Deckung privater Ausgaben durch steuerfreie Zuschüsse, Spesen und Aufwandsentschädigungen, die Deklarierung pivater Ausgaben als unternehmerischen und öffentlichen Aufwand und anderen mehr gehören zu den mittelbaren Folgen einer ‚Überbesteuerung‘[55].“

Die zweite von uns angeführte metaökonomische Einflußgröße auf die Allokation der Zeit zwischen arbeits- und konsumorientierten Aktivitäten ist der sogenannte Grolleffekt. Man kann sagen, daß die Steuern im allgemeinen, als unbillig empfundene im besondern, einen solchen Grolleffekt hervorrufen. Die Steuerauflage kann ein Gefühl des Ärgers entstehen lassen, das den Steuerpflichtigen zu einer Einschränkung der arbeitsorientierten Aktivitäten veranlaßt, um dadurch die Besteuerungsgrundlage zu beschränken. Eine solche Reaktion ist sehr kostspielig, doch kann das Revanchegefühl den Steuerzahler für seinen Verlust entschädigen; manchmal wird mit einer solchen Haltung auch die Hoffnung verbunden sein, die Regierung einschüchtern zu können[56].

Eingehend beschäftigt sich mit diesem Problem die Finanzpsychologie; „daß die ‚Psychologie des Steuerzahlers‘ gegenwärtig angesichts der

---

[53] *Schmidt*, K.: Die Steuerprogression, a.a.O., S. 119. Vgl. dazu auch *Winston*, G.: Income and Aggregate Allocation of Effort, a.a.O., S. 379 ff.

[54] Man denke daran, daß heute Steuervergehen weitgehend als Kavaliersdelikte angesehen werden. Ein Ausspruch des ehemaligen Leiters des Steuereinzugs der US-Bundesregierung T. Coleman Andrews ist hier bemerkenswert: „Die Einkommensteuer ist in ihrer gegenwärtigen Form wohl das beste je erfundene Mittel, um uns zu einer Nation von Lügnern und Betrügern zu machen.“ Zitiert nach *Schmidt*, K.: Die Steuerprogression, a.a.O., S. 120, Fußnote 45.

[55] *Schmidt*, K.: Die Steuerprogression, a.a.O., S. 118. Hervorhebung von Schmidt.

[56] Vgl. *Musgrave*, R. A.: Finanztheorie, a.a.O., S. 192.

konkreten finanz- und sozialpolitischen Problematik, die die schwindende Steuermoral in allen Ländern aufgeworfen hat, ein Kernstück dieser Forschung bilden muß, kann ebensowenig zweifelhaft sein wie die Tatsache, daß enge Beziehungen zwischen der Steuermoral und der — gelegentlich als ‚Steuerethik' bezeichneten — Verhaltensweise des fiskalischen Gegenspielers bestehen, ..."[57].

Wir wollen uns kurz zwei Fragen zuwenden: 1. Wie kann man die Entstehung eines Grolleffektes verhindern oder zumindest dessen Intensität in Grenzen halten? und 2. Wie wirkt der Grolleffekt im Zusammenhang mit dem Verhalten des Steuerzahlers aus dem Ertrags- und Rangmotiv heraus?

Die erste Frage führt uns in das Gebiet der Steuertechnik. Es interessieren in diesem Zusammenhang nicht die sachlichen Schwierigkeiten (organisatorischer, juristischer und administrativer Art), die sich jeder Besteuerung entgegenstellen, sondern die psychologischen. Es ist eine weitverbreitete Ansicht, daß versteckte Steuern weniger schädlich sind als offene; oder, daß eine größere Anzahl verschiedener Steuern vorteilhafter sei als eine stark in Erscheinung tretende „single tax". So wird es beispielsweise als besonderer Vorzug der indirekten Steuern angesehen, daß sie für den Steuerträger mehr oder weniger unmerklich sind. Selbstverständlich muß hier beachtet werden, daß die Unmerklichkeit der Steuern immer nur eine relative, d. h. vom Informationsstand des Steuerpflichtigen abhängige ist[58].

Die verdeckte Überwälzung gilt z. B. für die österreichische Umsatzsteuer[59]; der Käufer soll nicht erfahren, welcher Betrag an Umsatzsteuer im Preis enthalten ist. Die Unmerklichkeit, die die Besteuerung hier anstrebt, ist allerdings nur eine partielle, da ja die Produzenten und Großhändler „Mitwisser" sind[60]. Dieser Konzeption der Umsatzsteuer liegt die Rücksichtnahme auf das „Belastungsgefühl" des Besteuerten zugrunde. „Die Steuertechnik ist demnach ein bedeutender Faktor für das Belastungsgefühl der Steuerpflichtigen und den Grad der Wahrnehmbarkeit oder Unmerklichkeit, den die einzelnen Steuern besitzen[61]."

Neben diesem Vorteil der unmerklichen Steuern sehen einige Autoren[62] in anderer Beziehung auch einen Nachteil; werden nämlich

---

[57] *Schmölders,* G.: Finanzpsychologie, in: FA, NF, Bd. 13 (1951/52), S. 1—36, hier S. 1. Hervorhebung von Schmölders.

[58] *Schmölders,* G.: „Unmerkliche" Steuern, in: FA, NF, Bd. 20 (1959/60), S. 23—34, hier S. 24.

[59] Im Gegensatz etwa zur schweizerischen Warenumsatzsteuer oder zur britischen purchase tax.

[60] Vgl. *Schmölders,* G.: „Unmerkliche" Steuern, a.a.O., S. 25.

[61] *Schmölders,* G.: „Unmerkliche" Steuern, a.a.O., S. 34.

[62] Vgl. etwa *Musgrave,* R. A.: Finanztheorie, a.a.O., S. 192.

Steuern nicht als solche wahrgenommen, so können sie die Illusion kostenloser öffentlicher Leistungen schaffen, was zu fehlerhafter Budgetfestsetzung führen kann[63].

Wir kommen nun zur letzten Frage, die wir unter dem Titel „metaökonomische Einflußgrößen" behandeln wollen: Wie wirkt der Grolleffekt im Zusammenhang mit dem Verhalten des Steuerzahlers, das aus dem Ertrags- und Rangmotiv resultiert?

Empfindet der Steuerzahler ein Revanchegefühl gegenüber dem steuerauferlegenden Staat, dann ist es klar, daß der Grolleffekt das aus dem Ertragsmotiv resultierende Verhalten bestärkt bzw. das Rangmotiv abschwächt. Wird aber die Steuerzahlung als Kaufpreis für eine öffentliche Leistung angesehen, dann haben die Faktoren, die den Grolleffekt verursachen, offensichtlich in die entgegengesetzte Richtung gewirkt. Der Grolleffekt kann also in einen Beistandseffekt umschlagen, was insbesondere im Falle der Kriegsfinanzierung zu beobachten war[64].

Die Erkenntnisse über die metaökonomischen Einflußgrößen auf die Allokation der Zeit zwischen arbeits- und konsumorientierten Aktivitäten können die Unbestimmtheit des theoretischen Modells nicht aufheben. Der Zweck des theoretischen Modells ist, Ausgangspunkt bzw. Richtlinie für empirische Untersuchungen zu sein. Die Kenntnisse über die außerwirtschaftlichen Faktoren sind bei der Bewältigung der „irrationalen Ergebnisse" dienlich.

4. Versuch über eine Grundlage für empirische Untersuchungen

Dieser Versuch beschränkt sich auf eine Erarbeitung der wichtigsten Möglichkeiten für die Abgrenzung des Untersuchungsgebietes einer empirischen Studie. Die erste Einschränkung soll im Herausfinden des „Interessanten" — im Hinblick auf die möglichen Steuerwirkungen — Teiles der Arbeitsangebotskurve bestehen.

a) Der „interessante" Teil der Arbeitsangebotskurve

Eine Theorie des individuellen Arbeitsangebotes hat Stackelberg entwickelt[65]. Demnach verläuft die typische Angebotskurve für die Arbeitszeit in ihrem unteren Teil in die gleiche Richtung wie eine Nach-

[63] Solche „Illusionisten" dürften heutzutage in jedem Parlament sitzen. Als Beispiel einer „kostenlosen" Leistung kann der öffentliche Wohnungsbau genannt werden.
[64] Vgl. *Musgrave,* R. A.: Finanztheorie, a.a.O., S. 192.
[65] Vgl. *Stackelberg,* H.: Grundlagen, a.a.O., S. 277 ff.

fragekurve; der Verlauf der Kurve am oberen Ende kann nach rechts ansteigend (wie eine normale Angebotskurve), weiterhin anomal oder senkrecht sein[66] (Figur 14).

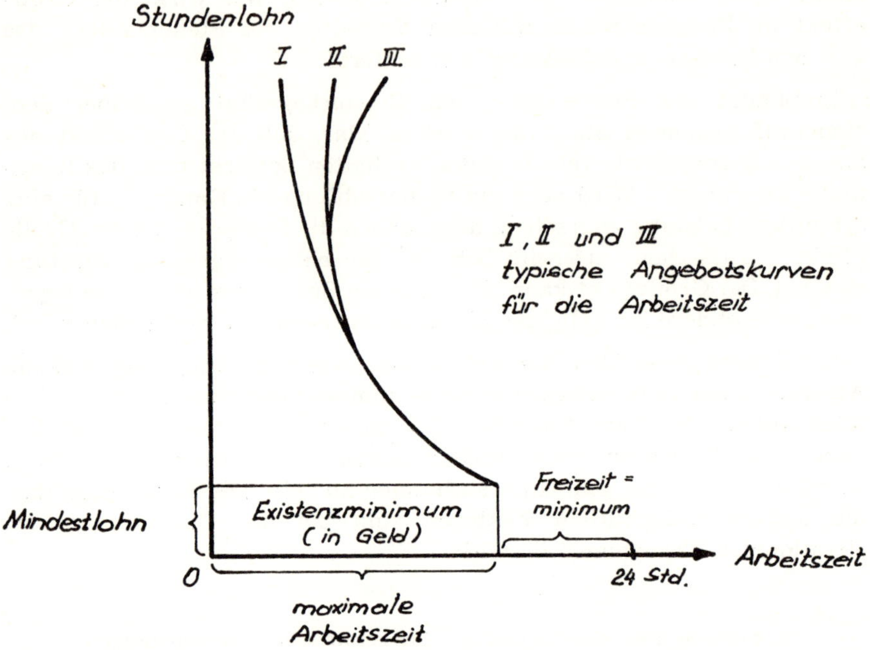

Figur 14

Problematisch sind die aus Figur 14 ersichtlichen Größen Existenzminimum und Freizeitminimum. Der Mindestlohn, der als absolute Größe angenommen wird, ist der Lohnsatz je Arbeitsstunde, „zu dem der Arbeiter bei maximaler Arbeitszeit gerade soviel verdienen kann, daß er in der Lage ist, sich das Existenzminimum zu sichern[67].“ Über die Entwicklung des Arbeitsangebotes bei einer Lohnerhöhung über diesen absoluten Mindestlohn hinaus schreibt Stackelberg: „Steigt der Lohn über seine Mindesthöhe, dann ist der Arbeiter in der Lage, sein Versorgungsniveau zu verbessern. Er wird dabei sowohl sein Realeinkommen als auch seine Freizeit erhöhen; denn sowohl die Beschränkung auf das Existenzminimum als auch die Beschränkung auf das Freizeitminimum stellen einen schwer erträglichen Druck dar. Mit an-

66 *Stackelberg*, H.: Grundlagen, a.a.O., S. 281.
67 *Stackelberg*, H.: Grundlagen, a.a.O., S. 280.

deren Worten: eine Lohnerhöhung über den Mindestlohn hinaus wird zunächst einen Rückgang des Einzelangebotes an Arbeitszeit bewirken. Bei hinreichend niedrigem Lohnsatz reagiert das Arbeitsangebot des einzelnen Anbieters ... anomal: die Angebotskurve zeigt hier einen regelwidrigen Verlauf, d. h. sie ist negativ geneigt. Steigt der Lohn immer weiter, so hört die Möglichkeit einer allgemeinen Bestimmung der Angebotsstruktur allmählich auf. Das Angebot kann weiter abnehmen; es kann aber auch konstant bleiben oder gar wieder zunehmen. Das tatsächliche Verhalten wird von den besonderen objektiven und subjektiven Bedingungen des Einzelfalles abhängen[68]."

Zwei Punkte der Aussage Stackelbergs sind Anknüpfungspunkte für unser Problem: das Versorgungsniveau und das Aufhören der allgemeinen Bestimmbarkeit der Angebotsstruktur. Soweit der Verlauf der Arbeitsangebotskurve bestimmt und das Versorgungsniveau „unbefriedigend" ist, dürfte das Feld für die empirische Erforschung von Steuerwirkungen nicht sehr ergiebig sein. Die Wirkung der Besteuerung in diesem Bereich bzw. deren Nichteinwirkung auf das Arbeitsangebot kann auf deduktivem Weg hinreichend festgestellt werden.

Beginnt der Verlauf der Arbeitsangebotskurve unbestimmt zu werden (siehe in Figur 13 die Möglichkeiten I, II, III), dann wird ein Nutzenvergleich Mehrarbeit (oder: Reallokation der Zeit zugunsten arbeitsorientierter Aktivitäten) oder Freizeit und die Wirkung der Besteuerung bei diesem Vergleich interessant. Die gegebene Versorgungslage oder Bedürfnisbefriedigungsposition[69] werden durch Steuer änderungen beeinflußt. Die Beziehung zwischen Einkommenshöhe und Umfang der Bedürfnisbefriedigung ist in Wirklichkeit sehr kompliziert[70]. „Tatsächlich nimmt — bei ‚objektiver' Betrachtung und Zugrundelegung ‚normaler' Wertungen — dieser Grenznutzen ab, es besteht also keine Proportionalität zwischen Einkommenshöhe und Bedürfnisbefriedigung (Gesamtnutzen des Einkommens), vielmehr bleibt bei zunehmendem Einkommen die Bedürfnisbefriedigung hinter diesem zurück. Zwar nimmt sie auch noch zu, aber weniger als das Einkommen. Das Einkommen ist also zwar die Bestimmungsgröße der Bedürfnisbefriedigung, aber es besteht nicht des Verhältnis der Proportionalität ..."[71]. Man darf bei der Bedürfnisbefriedigung nicht ausschließlich an den Konsum denken. Das Sparen befriedigt etwa das Bedürfnis nach Vermögensbesitz oder nach Einkommenssteigerung. Der Befriedigung dieser Bedürfnisse ist nicht die Grenze einer eintretenden Sättigung gesetzt.

---

68 *Stackelberg,* H.: Grundlagen, a.a.O., S. 280 f.

69 Vgl. *Haller,* H.: Die Steuern. Grundlinien eines rationalen Systems öffentlicher Abgaben, Tübingen 1964, passim.

70 Vgl. die Ausführungen zu den Hypothesen über Präferenzsysteme.

71 *Haller,* H.: Die Steuern, a.a.O., S. 72. Hervorhebung von Haller.

Sogar dann, wenn jemand Teile seines Einkommens zu verschenken beginnt, kann mit dem Schenken noch eine Bedürfnisbefriedigung verbunden sein.

Wir haben damit den Bereich festgelegt, in dem eine empirische Untersuchung von Steuerwirkungen auf das Arbeitsangebot interessant — weil nicht ohne weiteres deduktiv ermittelbar — wird.

b) Weitere Möglichkeiten der Abgrenzung des Untersuchungsgebietes

Über die Abgrenzung des Untersuchungsgebietes für empirische Studien von Steuerwirkungen fanden wir die ersten Hinweise bei der Darstellung der bisher vorliegenden Arbeiten. Ziel der Untersuchungen und daher auch die Forschungsmethoden waren sehr unterschiedlich; der Versuch einer Systematisierung wäre wenig erfolgreich und aussagekräftig.

Wir haben im vorigen Kapitel den für die Untersuchung von Steuerwirkungen auf das Arbeitsangebot interessanten Bereich der Arbeitsangebotskurve festgelegt. Dieser Bereich deckt sich im wesentlichen mit der von uns gesetzten allgemeinen Prämisse der Wohlstandsgesellschaft. Die sich ergebenden Teil- und Randprobleme können für unsere Zwecke außer Acht gelassen werden.

Welcher Art sind die Einkommen, die in einer Wohlstandsgesellschaft erzielt werden?

Der überwiegende Teil der Einkommen in den wirtschaftlich entwickelten Ländern besteht aus einer oder mehreren der folgenden vier Einkunftsarten[72]: 1. Aus Arbeitseinkünften, die für persönliche Mitarbeit im Wirtschaftsprozeß entweder als Lohn oder als Gehalt gezahlt werden; 2. aus Besitzeinkünften, die für die Überlassung von Produktionsfaktoren — ausgenommen den Faktor Arbeit — in Form von Kapitalzins zufließen; 3. aus Transfereinkünften, die aus der Umverteilung von Überschüssen stammen (z. B. Renten); und 4. aus Differenzialrenten, das sind die Gewinne im engeren Sinne, die für eine bessere Wirtschaftsführung als des Grenzbetriebes zufließen. Diese werden heute in der Regel an die Besitzer der sachlichen Produktionsfaktoren zusammen mit dem Kapitalzins ausbezahlt.

Die nächste Frage gilt den Kombinationsmöglichkeiten dieser Einkunftsarten. Die Transfereinkünfte spielen für unsere Problemstellung offensichtlich keine Rolle, so daß sich zunächst zwei Fälle an-

[72] Vgl. *Loitlsberger,* E.: Herbeiführung der Wohlstandsgesellschaft, unveröffentlichtes Manuskript.

bieten: 1. Arbeitseinkünfte und Einkünfte aus Vermögensbesitz; 2. Differenzialrenten (Gewinne) und Einkünfte aus Vermögensbesitz. Für Punkt 2 erscheint eine weitere Aufgliederung sinnvoll. Es ergeben sich nun, etwas umformuliert, drei verschiedene Gruppen von Haushaltseinkommen: 1. Einkünfte aus unselbständiger Arbeit und Besitzeinkünfte. 2. Einkünfte aus Gewerbebetrieb und Besitzeinkünfte. 3. Einkünfte aus selbständiger beruflicher Tätigkeit und Besitzeinkünfte[73].

Die Möglichkeit, daß sich das Haushaltseinkommen nur aus Besitzeinkünften zusammensetzt, ist für unsere Problemstellung kaum interessant. Ohne den Fall weiter zu diskutieren, ist es immerhin vorstellbar, daß ein Haushalt, der nur Besitzeinkünfte hat, aus steuerlichen Gründen dazu bewogen wird (z. B. wegen einer Erhöhung der Kapitalertragsteuer), seine Einkommenssituation durch die Erzielung eines Arbeitseinkommens zu verbessern.

Ist die vorgenommene Dreiteilung für das hier gestellte Problem befriedigend bzw. ausreichend? Zunächst könnte man von der Formulierung her meinen, daß nur in der ersten Gruppe der Haushaltseinkommen auch Arbeitseinkünfte enthalten sind *(Einkünfte aus unselbständiger Arbeit).* Über diese formale Hürde kommt man jedoch schnell hinweg, wenn man etwa definiert, daß Arbeit „die auf Bedarfsdeckung, d. h. auf Erzielung von Ertrag bzw. Einkommen gerichtete körperliche und geistige Tätigkeit des Menschen ist“[74]. Der Arbeitnehmer, der Unternehmer und der freiberuflich Tätige setzen ihre körperlichen und geistigen Fähigkeiten ein, um Einkommen zu erzielen; sie alle *arbeiten.*

Der Ausgangspunkt für die weiteren Überlegungen scheint uns die Frage zu sein: Sind die Voraussetzungen für den input an „Arbeit“, mit dem Einkünfte bzw. Einkommen erzielt werden sollen, beim Arbeitnehmer, Unternehmer und freiberuflich Tätigen gleich? Hier ergeben sich schon die ersten Unterschiede. Während der Arbeitnehmer keines, der freiberuflich Tätige ein meist nur geringes Vermögen neben der Arbeit zur Einkommenserzielung einsetzt, nimmt der input an Vermögen beim Unternehmer in der Regel ein mehr oder weniger beträchtliches Ausmaß an.

Wird nun die Frage nach der Wirkung der Besteuerung auf das Arbeitsangebot untersucht, so ist darauf Bedacht zu nehmen, daß sowohl der Arbeitnehmer als auch der freiberuflich Tätige ein „reines“

---

[73] Die Bildung dieser Gruppe von Haushaltseinkommen hat sich bereits bei einer empirischen Untersuchung als vorteilhaft erwiesen. Vgl. *Break,* G. F.: Income Taxes and Incentives to Work, a.a.O.

[74] *Carell,* E.: Arbeit, in: HdS, Bd. 1, a.a.O., S. 229—234, hier S. 229. Zur Kritik, daß Einkommen nicht nur zur Bedarfsdeckung erzielt wird, verweisen wir auf die Ausführungen über das menschliche Verhalten resultierend aus dem Rangmotiv.

Arbeitseinkommen haben können (hinzukommende Besitzeinkünfte machen den Zusammenhang komplexer), der Unternehmer aber immer ein kombiniertes Einkommen (Arbeits- und Besitzeinkommen) hat. Die reinen Arbeitseinkommen werden nur von der Einkommensteuer getroffen; die kombinierten Einkommen werden zusätzlich noch durch Gewerbesteuer, Grundsteuer, Vermögensteuer, Erbschaftsteuer usw. belastet. Daraus ist leicht abzuleiten, daß bei der Untersuchung der steuerlichen Wirkungen auf das unternehmerische Arbeitsangebot ein bei weitem komplexeres Problem zu lösen ist als bei der Untersuchung der Wirkung der Besteuerung auf das Arbeitsangebot von Arbeitnehmern und freiberuflich Tätigen. Diese Überlegungen werden durch die Auswahl der Untersuchungsgebiete in den bisher vorliegenden empirischen Studien bestätigt.

In unserem theoretischen Lösungsversuch scheinen die soeben aufgezeigten Probleme expressis verbis nicht auf, sie sind aber in die „Aktivitätsanalyse" einbezogen[75]. Wird die Wirkung der Besteuerung auf die arbeitsorientierten Aktivitäten eines Haushaltsvorstandes, der das Haushaltseinkommen aus unternehmerischer Tätigkeit erzielt, untersucht, so sind damit neben den steuerlichen Wirkungen auf den persönlichen Arbeitseinsatz z. B. auch jene auf die Investitionstätigkeit (beide sind sehr wesentliche Faktoren für das Wirtschaftswachstum) und andere erfaßt. Durch die Konzeption eines Totaleinkommens sind auch die Wirkungen jener Steuern auf die genannten Faktoren einbezogen, die die Einkommensverwendung treffen.

Der Einteilungsgrund für die bisher gefundenen Möglichkeiten der Abgrenzung des Untersuchungsgebietes kann als sozio-ökonomisch bezeichnet werden. Eine Verfeinerung ist dahingehend möglich und auch erstrebenswert, daß man innerhalb der drei Gruppen von Haushaltseinkommen eine weitere Gruppierung nach der Einkommenshöhe vornimmt. Interessante Ergebnisse könnte auch ein Vergleich der Steuerwirkungen auf das Arbeitsangebot von Empfängern gleich hoher Einkommen in den drei Haushaltseinkommensgruppen liefern. Auf eine Tatsache ist noch hinzuweisen, die auch in den bisher vorliegenden empirischen Untersuchungen immer wieder berücksichtigt wurde, daß nämlich die Entscheidungsfreiheit über die Allokation der Zeit zwischen arbeits- und konsumorientierten Aktivitäten in den drei sozioökonomischen Gruppen nicht in gleichem Maße gegeben ist. Vor allem für die Gruppe „Einkünfte aus unselbständiger Arbeit (und Besitzeinkünfte)" ist die Dispositionsfreiheit in der Regel nach unten begrenzt

---

[75] Dem englischen Begriff „activity analysis" entspricht im deutschen der Begriff „Prozeßanalyse". Die Analyse der Betriebsprozesse ist im Wesen durchaus mit unserer Analyse der arbeits- und konsumorientierten Aktivitäten vergleichbar.

(institutionelle Arbeitszeit). Doch hat z. B. Break herausgefunden, daß solche Beschränkungen auch für freiberuflich Tätige (Wirtschaftsprüfer und Rechtsanwälte) gegeben sein können, wenn etwa die Ablehnung zusätzlicher Aufträge mit dem Ehrenkodex des Berufsstandes nicht vereinbar ist[76].

Erst im nachhinein können bei den oben dargestellten Möglichkeiten der Abgrenzung des Untersuchungsgebietes das menschliche Verhalten resultierend aus dem Rangmotiv und der Grolleffekt berücksichtigt werden. Die Komplexität des Zusammenhanges zwischen dem Verhalten aus dem Ertrags- und Rangmotiv heraus und dem Grolleffekt ist bereits ausführlich erörtert worden[77].

Es soll nun der Versuch unternommen werden, die gesamte Problematik durch sozio-psychologische Einteilungskriterien besser in den Griff zu bekommen. Der erste Schritt bei diesem Vorhaben ist die Unterscheidung der Steuerpflichtigen in eine steuerempfindliche und in eine steuerunempfindliche Gruppe, ohne Rücksicht auf den Grund der Empfindlichkeit oder Unempfindlichkeit gegenüber Steuern. Die Unempfindlichkeit gegenüber Steuern kann in mangelndem Wissen über diese oder in deren „Unmerklichkeit“ liegen. Für die Untersuchung von Steuerwirkungen auf das Arbeitsangebot (und andere ökonomische Größen) ist selbstverständlich nur die steuerempfindliche Gruppe von Interesse.

Das nächste Einteilungskriterium ist die gegebene Versorgungslage oder Bedürfnisbefriedigungsposition[78]. Wir wollen solche Individuen zu Gruppen zusammenfassen, die mit ihrer gegebenen Versorgungslage entweder zufrieden oder unzufrieden sind[79]. Innerhalb dieser beiden Gruppen kann wiederum zwischen Individuen unterschieden werden, die im Falle einer durch Steueränderung notwendig gewordenen oder bei gegebener Besteuerung gewünschten Reallokation der Zeit zu einer Vermehrung der arbeitsorientierten Aktivitäten (grob: Einkommen) tendieren und solchen, die zu einer Vermehrung der konsumorientierten Aktivität (grob: Freizeit) neigen.

Befassen wir uns zunächst näher mit jener steuerempfindlichen Gruppe von Individuen, die mit ihrer gegebenen Versorgungslage unzufrieden sind; oder anders: deren Allokation der Zeit zwischen arbeits-

---

76 Vgl. *Break*, G. F.: Income Taxes and Incentives to Work, a.a.O., S. 538.

77 Siehe das Kapitel „Die metaökonomischen Einflußgrößen auf die Allokation der Zeit“.

78 Vgl. *Stackelberg*, H.: Grundlagen, a.a.O., S. 110 ff., *Haller*, H.: Die Steuern, a.a.O., passim.

79 Für einen anderen Zusammenhang findet Moses ähnliche „social groups“. Vgl. *Moses*, L. N.: Income, Leisure, and Wage Pressure, in: EJ, Bd. 72 (1962), S. 320—334, hier S. 330 f.

und konsumorientierten Aktivitäten unbefriedigend ist, wobei eine Untergruppe eine grundsätzliche Präferenz für mehr „Einkommen", die andere für mehr „Freizeit" hat. Die engere Problemstellung muß hier lauten: Welches Verhalten im Hinblick auf eine Reallokation der Zeit zwischen arbeits- und konsumorientierten Aktivitäten ist im Falle einer Steuererhöhung (Steuersenkung, gegebener Besteuerung) zu erwarten, wenn Ertragsmotiv, Rangmotiv und Grolleffekt simultan betrachtet werden?

Nehmen wir den Fall einer Erhöhung der progressiven Einkommensteuer. Wie reagiert ein mit seiner Versorgungslage unzufriedener Steuerpflichtiger, der grundsätzlich eine Präferenz für mehr Einkommen hat? Unter dem Gesichtspunkt des Ertragsmotivs (ökonomische Nutzenerwägungen) ist gegenüber einer Reallokation der Zeit zugunsten arbeitsorientierter Aktivitäten ein negatives oder zumindest indifferentes Verhalten zu erwarten. Die Zugehörigkeit zur Gruppe der mit der Versorgungslage Unzufriedenen ist überwiegend aus dem Rangmotiv zu begründen. Das ständige Hinaufsetzen des Anspruchsniveaus und die damit verbundenen Mißerfolgserlebnisse[80], wenn dieses nicht erreicht wird, sind typisch für die ökonomische Situation der Wohlstandsgesellschaft, die bei der Problemstellung der vorliegenden Arbeit als allgemeine Prämisse gesetzt worden ist. Aus dem Rangmotiv resultiert demnach ein sehr positives, das Verhalten nach dem Ertragsmotiv in der Regel überkompensierendes Verhalten gegenüber einer Reallokation der Zeit zugunsten arbeitsorientierter Aktivitäten. Ohne über die Bedeutung des Grolleffektes Spekulationen anzustellen, kann behauptet werden, daß sein (mehr oder weniger intensives) Bestehen oder Nichtbestehen sehr häufig den Ausschlag für das sichtbar werdende Verhalten geben wird.

Wie ist die Reaktion des, bei sonst gleichbleibenden Voraussetzungen, grundsätzlich mehr Freizeit präferenzierenden Steuerpflichtigen? Die Beurteilung erscheint leichter, da es für diesen Fall kaum einen „demonstration effect" zu beachten gibt[81]. Der Grolleffekt könnte hier bedeutend und zu einem „Jetzt-erst-recht-Standpunkt" werden; dies würde eine Reallokation der Zeit hin zu konsumorientierten Aktivitäten begünstigen. Das Ertragsmotiv — das Verfügungseinkommen würde außer durch die Steuererhöhung auch noch durch die Reallokation der Zeit geschmälert — könnte demgegenüber als „Reaktionsbremse" wirken.

Welche Aussagen können über jene steuerempfindliche Gruppe gemacht werden, die mit ihrer gegebenen Versorgungslage zufrieden ist?

---

80 Vgl. *Hoppe*, F.: Anspruchsniveau, in: Die Motivation menschlichen Handelns (Hrgb. H. Thomae), Köln, Berlin 1965, S. 217—230, passim.

81 Von Veblens „conspicuous leisure" wurde schon festgestellt, daß diese mehr ein Ergebnis als ein Substitut für hohes Einkommen ist.

Durch die Steuererhöhung wird das Allokationsgleichgewicht der Zeit zwischen arbeits- und konsumorientierten Aktivitäten gestört. „Demonstration effects“ dürften bei dieser Gruppe kaum in Erscheinung treten. Für die grundsätzlich mehr Einkommen präferenzierende Untergruppe wird das aus dem Ertragsmotiv resultierende Verhalten eine Reallokation der Zeit zugunsten der arbeitsorientierten Aktivitäten ergeben. Auftretende Grolleffekte haben eine kompensierende Wirkung.

Wie wird das durch die Steuererhöhung gestörte Gleichgewicht der Allokation der Zeit zwischen arbeits- und konsumorientierten Aktivitäten bei jener Untergruppe wieder hergestellt, die grundsätzlich eine Präferenz für mehr Freizeit hat? Unter dem Gesichtspunkt des Ertragsmotivs ist gegenüber einer Reallokation der Zeit zugunsten arbeitsorientierter Aktivitäten ein leicht negatives oder indifferentes Verhalten zu erwarten. Ein auftretender Grolleffekt wirkt noch verstärkend in diese Richtung.

Die dargestellten Möglichkeiten für die Abgrenzung des Untersuchungsgebietes von Steuerwirkungen setzen umfangreiche soziologisch-psychologische Arbeiten voraus. Die dadurch erschlossenen neuen Wege für empirische Untersuchungen von Steuerwirkungen scheinen diese Mühe zu rechtfertigen.

Schlußwort

Die Untersuchung der Steuerwirkungen auf das Arbeitsangebot führt durch die Herausarbeitung des Zusammenhanges dieses Problems mit einer allgemeinen Theorie der Allokation der Zeit zu besseren und weiterreichenden theoretischen Schlußfolgerungen als dies durch die traditionelle labor-leisure-Analyse möglich war.

Die Theorie der Allokation der Zeit zwischen arbeits- und konsumorientierten Aktivitäten ist ein mikroökonomisches Modell[82]. Die Parallelität zwischen der Konsumtheorie und der Theorie der Produktion hat sich in der „Aktivitätsanalyse" deutlich gezeigt. Als ökonomische Haupteinflußgrößen auf die Allokation der Zeit wurden das Arbeitseinkommen, das sonstige Geldeinkommen und die Güterpreise angesehen. Es war die Frage zu untersuchen, inwieweit die Besteuerung dieser drei Größen zu einer Reallokation der Zeit zwischen arbeits- und konsumorientierten Aktivitäten führt. Durch diese Formulierung des Problems kommt die Allgegenwärtigkeit der Besteuerung (auch wenn sie nicht immer erkannt und gefühlt wird) klar zum Ausdruck; sobald wir wirtschaftlich tätig werden, werden wir in der Regel von irgendeiner Steuer getroffen.

Da das menschliche Verhalten nicht nur von ökonomischen Nutzenerwägungen (Ertragsmotiv) bestimmt wird, mußten die Ergebnisse durch die Berücksichtigung metaökonomischer Einflußgrößen (Rangmotiv, Grolleffekt) noch einmal überprüft werden. Über die Bedeutung der „nonfinancial incentives" (Rangmotiv; im Gegensatz dazu müßte man beim Grolleffekt von einem „nonfinancial disincentive" sprechen) gehen die Meinungen auseinander. So meint etwa *Lewis*, der dieses Problem unter dem Aspekt des wirtschaftlichen Wachstums untersucht hat, daß „beim Fehlen einer engen Beziehung zwischen individuellem Einsatz und Belohnung" die „nonfinancial incentives" auf lange Sicht nicht ausreichen, „um die (zum wirtschaftlichen Wachstum) notwendigen

---

[82] „Die mikroökonomische Theorie der Wahlhandlungen ist, aufbauend auf den von Edgeworth und Pareto gelegten Grundlagen zu einem Instrument entwickelt worden, mit dessen Hilfe eine Analyse von Entscheidungsprozessen in der Einzelwirtschaft, das heißt im Haushalt und in der Unternehmung, vorgenommen werden kann. Methodisch gesehen handelt es sich jedoch bei dieser Theorie um eine allgemeine ‚Wahltechnik', deren Verwendungsmöglichkeit nicht auf den mikroökonomischen Bereich beschränkt ist ...". *Klaus*, J.: Makroökonomische Wahlhandlungen, in: ZgSt, Bd. 123 (1967), S. 95—113, hier S. 96.

Anpassungsmaßnahmen durchzusetzen"[83]. Dagegen kommt Break nach seiner empirischen Untersuchung (1955—1956) zu folgendem Schluß: „From the present evidence, then, we must conclude that contrary to the frequently repeated injunctions of so many financial commentators, solicitude for the state of work incentives does not under current conditions justify significant reductions in the role of progressive income taxation. Indeed, it would appear that, in the United States at least, income tax rates could be raised considerably, especially in the middle and upper-middle income ranges, without lowering unduly the aggregate supply of labor[84]." Trotzdem wird man auch *Blum* und *Kalven* nicht widersprechen können, wenn sie sagen, „that money is the dominant stimulus to work in our society"[85].

Zum Grolleffekt ist hier ein interessantes Detail nachzutragen. Es gibt in Schweden einen sogenannten Steuerkalender, der im Stile von „Who is who" verfaßt wird. Darin werden jene Personen genannt, die ab einer bestimmten Steuerhöhe aufwärts Steuern bezahlen. Es soll vorkommen, daß manche Steuerpflichtige freiwillig mehr Steuern bezahlen (d. h. eine höhere Bemessungsgrundlage als die tatsächliche angeben), um in diesen Exklusivklub aufgenommen zu werden. Der „Groll" gegen die Steuer wird in den meisten Fällen dadurch kaum ausgelöscht, er bleibt aber ohne Wirkung, da das Rangmotiv stärker ist.

Die Erforschung der effektiven Steuerwirkungen kann nur empirisch erfolgen. Auf theoretischem Wege ist die Unbestimmtheit der Reaktionen der Steuerpflichtigen nicht vollständig aufzuklären. Doch je besser das theoretische Modell ist, um so größer und erfolgversprechender sind die Möglichkeiten für eine empirische Untersuchung, sich danach zu orientieren. Auch heute noch gilt die Feststellung *Lotz'* über Probleme

---

[83] *Lewis*, W. A.: Die Theorie des wirtschaftlichen Wachstums, Tübingen und Zürich 1956, S. 60. Lewis schreibt in diesem Zusammenhang noch: „Die Menschen werden tatsächlich mehr arbeiten, wenn ihre Arbeit schöpferisch ist, wenn sie sozialen Zwecken dient, die sie schätzen, und wenn sie gewürdigt und anerkannt wird; sie werden aber auch weniger arbeiten, wenn ihnen der materielle Lohn vorenthalten wird. Nirgendwo ist dies heute besser begriffen als in Sowjet-Rußland. Als dieser Staat geschaffen wurde, glaubten seine Führer, daß das Maß der wirtschaftlichen Anstrengung durch eine Egalisierung aller Arbeitseinkünfte nicht verringert würde, sofern man nur die Unterschiede in der Bezahlung durch entsprechende Anordnungen und Auszeichnungen ersetzte. Die Erfahrung strafte diese Erwartung Lügen, und in dem Augenblick, in dem rasches wirtschaftliches Wachstum zu einem Hauptziel der Politik wurde, kehrten die sowjetischen Führer wieder zu der alten Methode der großen Einkommensunterschiede zurück und stempelten es zu einem Vergehen zu behaupten, daß die Menschen ohne Rücksicht auf ihre tatsächliche Arbeit gleiche Einkommen erhalten sollten." Vgl. dazu auch *Schmölders*, G.: Steuersystem und Wettbewerbsordnung, a.a.O., S. 140 f.

[84] *Break*, G. F.: Income Taxes and Incentives to Work, a.a.O., S. 549.

[85] *Blum*, W. J., *Kalven*, H.: The Uneasy Case for Progressive Taxation, Chicago 1954, zitiert nach Schmidt, K.: Steuerprogression, a.a.O., S. 121.

der Steuerwirkungen, „daß wir mit Hilfsmitteln, die bisher vielleicht noch nicht verwertet worden sind, versuchen müssen, mehr darüber zu forschen, ehe wir mit wissenschaftlicher Verantwortung etwas aussprechen können, was über die Möglichkeiten hinausgeht. Für die Formulierung von Möglichkeiten ist sehr viel geleistet. Aber für die Feststellung der Wirklichkeit wissen wir noch sehr wenig. Möge das der neuen Generation gelingen, auf diesem Gebiete bessere Hilfsmittel der Forschung nach der Wahrheit zu finden. Denn wenn mir jemand sagt: Ich glaube, daß die Steuer so und so wirkt, oder ich nehme an, sie wird so wirken oder unzweifelhaft wirkt sie so — das ist das Verdächtigste —, dann ist immer etwas nicht bewiesen. Wenn mir jemand das sagt, schätze ich das als sehr nettes Glaubensbekenntnis, und zwar mitunter verbunden mit sehr tugendhaften Vorsätzen, Steuern zu finden, die nicht überwälzt werden können. Aber die Wissenschaft kann hier nicht ganz befriedigt sein, wenn sie kritisch ist. Und leider Gottes ist es unsere Aufgabe, bei jedem Beweis die Schwächen zu finden und uns nicht eher überzeugt zu geben, bis ein zwingender Beweis erbracht ist, und der ist auf diesem Gebiete noch nicht erbracht"[86].

Wir haben uns um einen neuen theoretischen Lösungsversuch bemüht und auch auf Ansatzmöglichkeiten für empirische Untersuchungen hingewiesen. Die Ausage ist konkret und daher falsifizierbar. Gemeinplätze sind immer richtig und daher nicht falsifizierbar. Sie leisten aber auch keinen Beitrag zum Fortschritt der Wissenschaft. Vielleicht ist der nächste und bessere Lösungsversuch ein spieltheoretischer. Ansätze oder richtiger gesagt Andeutungen in diese Richtung sind schon gemacht[87].

---

[86] *Lotz*, W.: Diskussionsbeitrag zu: Mann, F. K.: Wesen und allgemeiner Verlauf der Steuerüberwälzung, in: Schriften des Vereins für Socialpolitik, Bd. 172 (1926), S. 336—340, hier S. 339 f.

[87] Vgl. *Fecher*, H.: Einige Bemerkungen über „incentive-Wirkungen" der Einkommensteuer, a.a.O., S. 107.

Literaturverzeichnis

Albach, H.: Investition und Liquidität, Wiesbaden 1962.

Albers, W.: Preisliche Wirkungen der Besteuerung, in: FA, NF, Bd. 16 (1955/56), S. 227—257.

Allen, R. G. D.: Mathematik für Volks- und Betriebswirte, Berlin 1956.

Amonn, A.: Grundsätze der Finanzwissenschaft, Bern 1947.

Andreae, W.: Bausteine zu einer universalistischen Steuerlehre, Jena 1927.

Arndt, H.: Zur mikroökonomischen Analyse der Überwälzbarkeit der Einkommensteuer und zur Frage der Übertragung von Modellergebnissen auf historische Tatbestände, in: FA, NF, Bd. 21 (1961), S. 47—59.

— Mikroökonomische Theorie, 2 Bde., Tübingen 1966.

Aufermann, E.: Grundzüge betriebswirtschaftlicher Steuerlehre, Wiesbaden 1959.

Bader, H., *Fröhlich*, S.: Mathematik für Ökonomen, Berlin 1965.

Barlow, R., *Sparks*, G. R.: A Note on Progression and Leisure, in: AER, Bd. 54 (1964), S. 372—377.

Barone, E.: About Some Fundamental Theorems on the Mathematical Theory of Taxation, in: Musgrave, R. A. und Shoup, C. S. (Hrsg.): Readings in the Economics of Taxation, Homewood, Illinois 1959, S. 436—444.

Becker, G. S.: Irrational Behavior and Economic Theory, in: JPE, Bd. 70 (1962), S. 1—13.

— A Theory of the Allocation of Time, in: EJ, Bd. 75 (1965), S. 493—517.

Bombach, G.: Quantitative und monetäre Aspekte des Wirtschaftswachstums, in: Schriften des Vereins für Socialpolitik, NF, Bd. 15 (1959).

Boskin, M. J.: The Negative Income Tax and the Supply of Work Effort, in: NTJ, Bd. 20 (1967), S. 353—367.

Break, G. E.: Income Taxes and Incentives to Work: An Empirical Study, in: AER, Bd. 47 (1957), S. 529—549.

Brinkmann, G.: Ausbildung und Arbeitseinkommen, in: ZgSt, Bd. 123 (1967), S. 133—147.

Brown, E. C.: Business-Income Taxation and Investment Incentives, in: Musgrave, R. A. und Shoup, C. S. (Hrsg.): Readings in the Economics of Taxation, Homewood, Illinois 1959.

Carell, E.: Arbeit, in: HdS, Bd. 1, Stuttgart-Tübingen-Göttingen 1959, S. 229 bis 234.

Collier, R. P.: Some Empirical Evidence on Tax Incidence, in: NTJ, Bd. 11 (1958), S. 35—55.

Cooper, G.: Taxation and Incentive in Mobilization, in: Musgrave, R. A. und Shoup, C. S. (Hrsg.): Readings in the Economics of Taxation, Homewood, Illinois 1959.

Dichgans, H.: Die Schriftenreihe „Finanzwissenschaftliche Forschungsarbeiten", in: Finanzwissenschaftliche Forschung und Lehre an der Universität zu Köln 1927—1967, Berlin 1967, S. 55—61.

Domar, E. D., *Musgrave*, R. A.: Proportional Income Taxation and Risk-Taking, in: Musgrave, R. A. und Shoup, C. S. (Hrsg.): Readings in the Economics of Taxation, Homewood, Illinois 1959.

Due, J. F.: Sales Taxation and the Consumer, in: AER, Bd. 53 (1963), S. 1078 bis 1084.

Duesenberry, J. S.: Income, Saving, and the Theory of Consumer Behavior, Cambridge, Mass., 1949.

Edgeworth, F. Y.: The Pure Theory of Taxation, in: Musgrave, R. A. und Shoup, C. S. (Hrsg.): Readings in the Economics of Taxation, Homewood, Illinois 1959.

Egner, E.: Der Haushalt, Berlin 1952.

— Studien über Haushalt und Verbrauch, Berlin 1963.

Ellsberg, D.: Classic and Current Notions of „Measurable Utility", in: EJ, Bd. 64 (1954), S. 528—556.

Engländer, O.: Allgemeine Steuerlehre und Steuerüberwälzung, Brünn-Prag-Leipzig-Wien 1935.

Fecher, H.: Einige Bemerkungen über „incentive-Wirkungen" der Einkommensbesteuerung, in: PF, Bd. 20 (1965), S. 76—111.

Findeisen, F.: Unternehmung und Steuer (Steuerbetriebslehre), Stuttgart 1923.

Föhl, C.: Kritik der progressiven Einkommensbesteuerung, in: FA, NF, Bd. 14 (1953/54), S. 88—109.

— Das Steuerparadoxon, in: FA, NF, Bd. 17 (1956), S. 1—37.

Fricke, D.: Untersuchungen zur Steuerpolitik und Steuerreform, in: Finanzwissenschaftliche Forschung und Lehre an der Universität zu Köln 1927 bis 1967, Berlin 1967, S. 87—100.

Galbraith, J. K.: Gesellschaft im Überfluß, München, Zürich 1959.

Gallaway, L. E.: Negative Income Taxes and the Elimination of Poverty, in: NTJ, Bd. 19 (1966), S. 298—307.

Gerloff, W.: Die öffentliche Finanzwirtschaft, Bd. 1, Allgemeiner Teil, Frankfurt a. M. 1948.

— Die Problematik hoher Steuerbelastung in der Marktwirtschaft, in: Beiträge zur Finanzwissenschaft und Geldtheorie, Göttingen 1953.

Goode, R.: The Income Tax and the Supply of Labor, in: JPE, Bd. 57 (1949), S. 428—437.

Grubel, H. G. und *Edwards*, D. R.: Personal Income Taxation and Choice of Professions, in: QJ, Bd. 78 (1964), S. 158—163.

Gutenberg, E.: Untersuchungen über die Investitionsentscheidungen industrieller Unternehmen, Köln-Opladen 1959.

— Grundlagen der Betriebswirtschaftslehre, Berlin-Göttingen-Heidelberg 1963 (Bd. 1: Die Produktion) und 1964 (Bd. 2: Der Absatz).

— Über einige Fragen der neuen Betriebswirtschaftslehre, in: ZfB, Jg. 36 (1966), S. 1—17.

Hall, C. A.: Effects of Taxation, Executive Compensation and Retirement Plans, Boston 1951.

Haller, H.: Finanzpolitik. Grundlagen und Hauptprobleme, Tübingen und Zürich 1961.

— Die Steuern. Grundlinien eines rationalen Systems öffentlicher Abgaben, Tübingen 1964.

Harberger, A. C.: Taxation, Resource Allocation and Welfare, in: The Role of Direct and Indirect Taxes in the Federal Revenue System, National Bureau of Economic Research, Princeton 1964.

Hasenack, W.: Entwicklungsprobleme und Fragestellungen der betriebswirtschaftlichen Steuerlehre (steuerlichen Betriebswirtschaftslehre), in: BFuP, Jg. 5 (1953), S. 266—292.

Häuser, K.: Die Unüberwälzbarkeit der Einkommen- und Körperschaftsteuer bei Gewinnmaximierung, in: FA, NF, Bd. 20 (1959/60), S. 422—435.

Häuser, K., *Richter*, R.: Zum Problem der Einkommensteuerüberwälzung, in: FA, NF, Bd. 16 (1955/56), S. 258—273.

Heinrich, W.: Wirtschaftspolitik, Bd. 1, Berlin 1964.

Henderson, A. M.: The Case for Indirect Taxation, in: EJ, Bd. 58 (1948), S. 538—553.

Henderson, J. M., *Quandt*, R. E.: Mikroökonomische Theorie, Berlin und Frankfurt a. M. 1967.

Hicks, U. K.: The Terminology of Tax Analysis, in: EJ, Bd. 56 (1946), S. 38—50.

— Steuerpolitik im Wohlfahrtsstaat, Finanzwissenschaftliche Forschungsarbeiten, Heft 3, Berlin 1953.

Holden, G.: Incidence of Taxation as an Analytical Concept, in: AER, Bd. 30 (1940), S. 774—786.

Holtgrewe, K.-G.: Der Steuerwiderstand. Das Verhalten des Steuerpflichtigen im Lichte der modernen Psychologie, in: Finanzwissenschaftliche Forschungsarbeiten, Heft 5, Berlin 1954.

Illetschko, L. L.: Besteuerung und Betriebswirtschaft, Wien 1953.

Jiresch, R.: Einkommensteuergesetz 1967, Wien 1967.

Kaldor, N.: The Income Burden of Capital Taxes, in: RESt, Bd. 9 (1942), S. 141—151, teilweise wiederabgedruckt und erweitert in Musgrave, R. A. und Shoup, C. S. (Hrsg.): Readings in the Economics of Taxation, Homewood, Illinois 1959.

Katona, G.: Psychological Analysis of Business Decisions and Expectations, in: AER, Bd. 36 (1946), S. 58 ff.

— Das Verhalten der Verbraucher und Unternehmer, Tübingen 1960.

— Die Macht des Verbrauchers, Düsseldorf-Wien 1962.

Kausel, A., *Schwab*, W., *Taus*, J.: Untersuchungen über Zentralprobleme der österreichischen Bundesfinanzen, Dr. Stigleitner-Schriftenreihe Bd. 7, Hrsg.: Österreichisches Forschungsinstitut für Sparkassenwesen, Wien 1966.

Kendrick, M. S.: The Incidence and Effects of Taxation: Some Theoretical Aspects, in: AER, Bd. 27 (1937), S. 725—734.

Kerschagl, R.: Einführung in die Finanzwissenschaft, Wien-Stuttgart 1963.

Keynes, J. M.: The General Theory of Employment, Interest and Money, London 1936.

Kimmel, L. H.: Taxes and Economic Incentives, Washington 1950.

Klaus, J.: Makroökonomische Wahlhandlungen. Modellüberlegungen zur Darstellung wirtschaftspolitischer Entscheidungen und Zielkonflikte, in: ZgSt, Bd. 123 (1967), S. 95—113.

Knapp, H.: Steuersenkung — notwendig und unbedenklich, in: Die Industrie, Jg. 57 (1957), S. 2.

— Wirtschaftsfibel, Wien 1967.

Knight, F. H.: Risk, Uncertainty and Profit, London 1933.

Koch, W.: Steuerpolitik, in: HdS, Bd. 10, Stuttgart-Tübingen-Göttingen 1959, S. 124—136.

Kolms, H.: Über einige Beziehungen zwischen Konsumtheorie und Steuerabwehrtheorie, in: WWA, Bd. 94 (1965), S. 31—44.

— Finanzwissenschaft, Bd. 2, Erwerbseinkünfte, Gebühren und Beiträge, Allgemeine Steuerlehre, Berlin 1966.

Krasensky — Reisch — Kreibig: Bilanz und Steuer, Bd. 1, Wien 1949; Bd. 2, Wien 1951; Bd. 3, Wien 1959.

Krelle, W.: Zur Wirkung der progressiven Einkommensbesteuerung, in: FA, NF, Bd. 16 (1955/56), S. 22—30.

— Theorie wirtschaftlicher Verhaltensweisen, Meisenheim/Glan 1959.

Kuntze, W.: Signalwirkungen der Einkommen- und Körperschaftsteuer, in: Finanzwissenschaftliche Forschungsarbeiten, Heft 18, Berlin 1958.

Lampe, A.: Steuerwirkungslehre, in: WdV, Bd. 3 (1933), S. 529 ff.

Lampman, R. J.: Approaches to the Reduction of Poverty, in: AER, Bd. 55 (1965), S. 521—529.

Lang, A.: Die legale Steuerausweichung, Winterthur 1954.

Lange, O.: Das Prinzip der wirtschaftlichen Rationalität, Ökonomie und Praxeologie, in: ZgSt, Bd. 120 (1964), S. 193—242.

Laspeyres, E.: Statistische Untersuchungen zur Frage der Steuerüberwälzung, geführt an der Geschichte der preußischen Mahl- und Schlachtsteuer, in: FA, Jg. 18, Bd. 1 (1901), S. 546 ff.

Lehner, G.: Die progressiven Steuern als Mittel der Konjunkturpolitik, Diss. Hochschule für Welthandel, Wien 1966.

Lewis, W. A.: Die Theorie des wirtschaftlichen Wachstums, Tübingen und Zürich 1956.

Little, I. M. D.: Direct versus Indirect Taxes, in: EJ, Bd. 61 (1951), S. 577—584.

Loitlsberger, E.: Das Wirtschaftlichkeitsprinzip. (Analyse und Erscheinungsformen), Wien 1955.

— Herbeiführung der Wohlstandsgesellschaft und Besteuerung der Unternehmungsformen. Unveröffentlichtes Manuskript.

Lotz, W.: Diskussionsbeitrag zu Mann, F. K.: Wesen und allgemeiner Verlauf der Steuerüberwälzung in: Schriften des Vereins für Socialpolitik, Bd. 172 (1926), S. 336—340.

Machlup, F.: Der Wettstreit zwischen Mikro- und Makrotheorien in der Nationalökonomie, Tübingen 1960.

Mann, F. K.: Wesen und allgemeiner Verlauf der Steuerüberwälzung, in: Schriften des Vereins für Socialpolitik, Bd. 172 (1926), S. 275—300.

— Finanztheorie und Finanzsoziologie, Göttingen 1959.

Menges, G.: Ökonometrie, Wiesbaden 1961.

Mering, O.: Steuerüberwälzung, in: HdS, Bd. 10, Stuttgart-Tübingen-Göttingen 1959, S. 175—182.

— The Shifting and Incidence of Taxation, Philadelphia 1942, teilweise abgedruckt in: Musgrave, R. A. und Shoup, C. S. (Hrsg.): Readings in the Economics of Taxation, Homewood, Illinois 1959.

Mincer, J.: Labor Supply, Family Income, and Consumption, in: AER, Bd. 50 (1960), S. 574—583.

Morgenstern, O.: Spieltheorie und Wirtschaftswissenschaft, Wien-München 1963.

Moses, L. N.: Income, Leisure, and Wage Pressure, in: EJ, Bd. 72 (1962), S. 320—334.

Moxter, A.: Präferenzstruktur und Aktivitätsfunktion des Unternehmers, in: ZfbF, NF, Jg. 16, (1964), S. 6—35.

Münstermann, H.: Die Bedeutung der Opportunitätskosten für unternehmerische Entscheidungen, in: ZfB, Jg. 36 (1966), S. 18—36.

Musgrave, R. A.: The Theory of Public Finance. A Study in Public Economy, New York-Toronto-London 1959; deutsch: Finanztheorie, Tübingen 1966.

Musgrave, R. A., *Shoup*, C. S. (Hrsg.): Readings in the Economics of Taxation, Homewood, Illinois 1959.

Musgrave, R. A., *Peacock*, A. T. (Hrsg.): Classics in the Theory of Public Finance, London-New York 1958.

Neumann, J., *Morgenstern*, O.: Spieltheorie und wirtschaftliches Verhalten, Würzburg 1961.

Neumark, F.: Theorie und Praxis der modernen Einkommensbesteuerung, Bern 1947.

— Zum Problem der Klassifikation der Steuerformen, in: Beiträge zur Geld- und Finanztheorie, Tübingen 1951.

— Steuerpolitik in der Überflußgesellschaft, Berlin 1961.

— Wandlungen in den Auffassungen vom Volkswohlstand, Frankfurt a. M. 1964.

— Einige neuere Probleme und Aspekte der Fiscalpolitik, in: ZfN, Bd. 26 (1966), S. 204—219.

Ortega y Gasset, J.: Der Aufstand der Massen, München 1960.

Parkinson, N. C.: ... alles von unserem Geld. Eine Studie über die Steuern, München 1967.

Pechan, H.: Arbeitszeit, in: HdS, Bd. 1, Stuttgart-Tübingen-Göttingen 1959, S. 408—411.

Pichler, H.: Modellanalyse und Modellkritik, Berlin 1967.

Pohmer, D.: Grundlagen der betriebswirtschaftlichen Steuerlehre, Berlin 1958.

Recktenwald, H. C.: Zur Lehre von der Steuerüberwälzung und den Steuerwirkungen (Einige allgemeine und terminologische Bemerkungen), in: FA, NF, Bd. 13 (1952), S. 291—306.

— Steuerwirkungen, in: HdS, Bd. 10, Stuttgart-Tübingen-Göttingen 1959, S. 182—191.

— Die Finanzwissenschaft unserer Zeit, in: Gegenwartsfragen aus Wirtschaft und Gesellschaft, Bd. 4, Stuttgart-Berlin-Köln-Mainz 1965.

— Steuerüberwälzungslehre. Theoretische und empirische Verteilung von Abgaben und Kosten, Berlin 1966.

Robbins, L.: On the Elasticity of Demand for Income in Terms of Effort, in: Econ, Bd. 10 (1930), S. 123—129.

Robertson, D. H.: The Colwyn Committee, the Income Tax and the Price Level, in: EJ, Bd. 37 (1927), S. 566—581.

Rolfe, S., *Furness,* G.: The Impact of Changes in Tax Rates and Method of Collection on Effort: Some Empirical Observations, in: REStat, Bd. 39 (1957), S. 394—401.

Röpke, W.: Finanzwissenschaft, Berlin, Wien 1929.

Rückle, D.: Gibt es einen Steuerbetrieb? Zur Diskussion um die Selbständigkeit der betriebswirtschaftlichen Steuerlehre, in: BFuP, Jg. 19 (1967), S. 36 bis 48.

Samuelson, P. A.: Volkswirtschaftslehre. Eine Einführung, Bd. 1 und 2, Köln 1964.

— Social Indifference Curves, in: QJ, Bd. 70 (1956), S. 1—22.

Sanders, T. H.: The Effects of Taxation on Executives, Boston 1951.

Schanz, G.: Zu der Überwälzung der indirekten Steuern auf Grund des bayrischen Malzaufschlages, in: Schmollers Jahrbuch, 6. Jg. (1882), S. 563 ff.

Schmalenbach, E.: Die Aktiengesellschaft außer Dienst, in: ZfhwF, NF, 1. Jg. (1949), S. 2—5.

— Der freien Wirtschaft zum Gedächtnis, Köln 1949.

Schmidt, K.: Die Steuerprogression, Basel und Tübingen 1960.

Schmölders, G.: Steuersystem und Wettbewerbsordnung, in: Ordo, Bd. 3 (1950), S. 135—171.

— Finanzpsychologie, in: FA, NF, Bd. 13 (1951/52), S. 1—36.

— Ökonomische Verhaltensforschung, in: Ordo, Bd. 5 (1953), S. 203—244.

— „Unmerkliche" Steuern, in: FA, NF, Bd. 20 (1959/60), S. 23—34.

— Das Irrationale in der öffentlichen Finanzwirtschaft, Hamburg 1962.

— Zehn Jahre sozialökonomische Verhaltensforschung in Köln, in: Ordo, Bd. 14 (1963), S. 259—273.

— Allgemeine Steuerlehre, Berlin 1965.

Schneider, E.: Das Gesicht der Wirtschaftstheorie unserer Zeit und das Studium der Wirtschaftswissenschaften, Tübingen 1947.

— Einführung in die Wirtschaftstheorie, 4 Bde., Tübingen 1965.

Schneider, H.: Der Einfluß der Steuern auf die unternehmerischen Investitionsentscheidungen, Tübingen 1964.

Schumpeter, J.: Business Cycles, Bd. 1, New York 1939.

— Kapitalismus, Sozialismus und Demokratie, Winterthur 1946.

Seligman, E. R. A.: Die Lehre von der Steuerüberwälzung, Jena 1927 (Übersetzung aus dem Englischen nach der 5. durchgesehenen Auflage).

Shackle, G. L. S.: Expectation in Economics, Cambridge 1949.

Siegfried, B.: Die Verhaltensweisen des Unternehmers gegenüber der Gewinnbesteuerung, Winterthur 1963.

Smith, H.: The Minimal Economy, in: EJ, Bd. 75 (1965), S. 31—43.

Spann, O.: Die Haupttheorien der Volkswirtschaftslehre, Othmar Spann Gesamtausgabe Bd. 2, Graz 1967.

— Tote und lebendige Wissenschaft, Othmar Spann Gesamtausgabe Bd. 6, Graz 1967.

Stackelberg, H.: Grundlagen der theoretischen Volkswirtschaftslehre, Tübingen-Zürich 1951.

Strümpel, B.: Der Schweizer als Steuerzahler. Ein Beitrag zum internationalen Vergleich der Steuermoral, in: FA, NF, Bd. 24 (1965), S. 244—258.

Tautscher, A.: Die Öffentliche Wirtschaft, Berlin 1953.

— Wirtschaftsordnung und Wirtschaftspolitik, in: Handbuch der österreichischen Wirtschaftspolitik, Wien 1961.

Thomae, H. (Hrsg.): Die Motivation menschlichen Handelns, Köln, Berlin 1965.

Tinbergen, J.: Einführung in die Ökonometrie, Wien-Stuttgart 1952.

Varga, S.: Über den eigenartigen Charakter der sozialistischen Finanzwissenschaft, in: ZgSt, Bd. 119 (1963), S. 83—117.

Veblen, T.: The Theory of the Leisure Class, New York 1931.

Walker, D.: The Direct-Indirect Tax Problem: Fifteen Years of Controversy, in: PF, Bd. 10 (1955), S. 153—177.

Weitzmann, M.: Utility Analysis and Group Behavior. An Empirical Study, in: JPE, Bd. 73 (1965), S. 18—26.

Welinder, C.: Steuerüberwälzung und Steuerwirkungen, in: HdF, Bd. 2 (1954).

— Einkommensteuer und Arbeitswilligkeit — einige steuerpolitische Gesichtspunkte, in: PF, Bd. 20 (1965), S. 233—246.

Wessel, R. H.: Income Taxation and Job Selection, in: NTJ, Bd. 11 (1958), S. 78—83.

Wicksell, K.: Taxation in the Monopoly Case, in: Finanztheoretische Untersuchungen nebst Darstellung und Kritik des Steuerwesens Schwedens, Jena 1896.

Willeke, E.: Arbeitsmarkt, in: HdS, Bd. 1, Stuttgart-Tübingen-Göttingen 1959, S. 321—332.

Winston, G.: Income and the Aggregate Allocation of Effort, in: AER, Papers and Proceedings, 1965, S. 375—385.

— Taxes, Leisure and Public Goods, in: Econ, NS, Bd. 32 (1965), S. 65—69.

— An International Comparison of Income and Hours of Work, in: REStat, Bd. 48 (1966), S. 28—39.

Wittmann, W.: Zur Frage der wachstumspolitischen Effizienz eines rationalen Steuersystems, in: FA, NF, Bd. 24 (1965), S. 51—69.

— Wachstumsaspekte des schweizerischen Steuersystems, in: ZfN, Bd. 25 (1965), S. 161—175.

Wöhe, G.: Betriebswirtschaftliche Steuerlehre, Bd. 1, Berlin und Frankfurt a. M. 1962.

— Betriebswirtschaftliche Steuerlehre, Bd. 2, 1. u. 2. Halbbd., Berlin und Frankfurt a. M. 1965.

Wold, H.: Ordinal Preferences or Cardinal Utility, in: Econ, Bd. 20 (1952), S. 661—664.

Zahn, E.: Soziologie der Prosperität. Wirtschaft und Gesellschaft im Zeichen des Wohlstands, München 1964.

Volkswirtschaftliche Schriften

Seit 1967 sind folgende Bände erschienen

105 **Wichtige Erscheinungsformen der Lohnquote.** Von *P. Klemmer.* 134 S. 1967. DM 19,80
106 **Zur Theorie der Außenwirtschaft.** Von *M. Klafkowski.* 325 S. 1967. DM 58,60
107 **Die Kreditplafondierung, eine geld- und kreditpolitische Notwendigkeit.** Von *K. Klein.* 246 S. 1967. DM 39,80
108 **Der französische Trésor.** Von *H. Zuber.* 210 S. 1967. DM 38,60
109 **Monetäre Voraussetzungen der gesamtwirtschaftlichen Nachfragesteuerung.** Von *E.-A. Gramann.* 124 S. 1967. DM 22,60
110 **Das wirtschaftspolitische Instrumentarium.** Von *R. Krüger.* 141 S. 1967. DM 24,—
111 **Volkswirtschaftliche Theorie des technischen Fortschritt.** Von *R. Eder.* 150 S. 1967. DM 24,60
112 **Die Industrialisierung Indiens unter dem Druck der steigenden Auslandsverschuldung.** Von *H. Breuer.* 162 S. 1967. DM 29,60
113 **Steigender Steuerdruck bei sinkendem Geldwert.** Von *A. Tautscher.* 73 S. 1967. DM 12,60
114 **Entwicklung der Wirtschaft.** Von *H. Stephenson.* 122 S. 1967. DM 19,80
115 **Bürgschaften und Garantien als Mittel der Wirtschaftspolitik.** Von *E.-A. Conrad.* 191 S. 1967. DM 29,60
116 **Der internationale Ausgleich der Faktorpreise.** Von *K. Mackscheidt.* 258 S. 1967. DM 44,60
117 **Entlohnungssysteme und sozialer Konflikt.** Von *A. W. Michl.* 150 S. 1968. DM 26,60
118 **Behandlung und Erkenntniswert der Erwartungen in der Wirtschaftstheorie.** Von *P. Machinek.* 205 S. 1968. DM 36,60
119 **Das Kartell.** Von *D. Eckel.* 334 S. 1968. DM 59,80
120 **Umverteilung und wirtschaftliche Entwicklung.** Von *E. Weissel.* 101 S. 1968. DM 16,80
121 **Die Theorie der Domination von François Perroux.** Von *U. Jeck.* 148 S. 1968. DM 26,60
122 **Markttransparenz und Preispolitik.** Von *E. Lindemann.* 142 S. 1968. DM 24,60
123 **Die Entwicklungspolitik der Volksrepublik China 1949 bis 1962.** Von *U. E. Simonis.* 196 S. 1968. DM 44,60
124 **Die Wirkungen zwischenstaatlichen Kapitalverkehrs auf Wechselkurse und Zahlungsbilanzen.** Von *E. v. Wangenheim.* 137 S. 1968. DM 32,60
125 **Die Politik der Reichsbank von 1876—1914 im Lichte der Spielregeln der Goldwährung.** Von *M. Seeger.* 161 S. 1968. DM 29,60
126 **Wird die kleine und mittlere industrielle Unternehmung diskriminiert?** Von *B. Gellner.* 189 S. 1968. DM 33,60
127 **Theorie der personellen Einkommensverteilung.** Von *H.-J. Krupp.* 260 S. 1968. DM 39,—
128 **Wirtschaftssystem und Industrialisierung in den Entwicklungsländern.** Von Dr. *H. Effenberger.* 167 S. 1968. DM 29,60
129 **Ordnungspolitische Probleme des Warentests.** Von *D. Meiners.* 215 S. 1968. DM 42,60
130 **Zur Theorie der Devisenterminmärkte.** Von *J. Schröder.* 148 S. 1969. DM 29,80
131 **Der metallische Rohstoff Zinn.** Von *W. Gocht.* 260 S. 1969. DM 56,60
132 **Makroökonomische Wirkungen der Sozialen Sicherung.** Von *S. Schultz.* 163 S. 1969. DM 29,80
133 **Effektivität und Legitimität der Tarifautonomie.** Von *H. Weitbrecht.* 267 S. 1969. DM 48,60
134 **Die Koordination von gesamtwirtschaftlicher, regionaler und lokaler Planung.** Von *R. Krüger.* 192 S. 1969. DM 36,—
135 **Wirtschaftslenkung und Preisintervention.** Von *A. Hegelheimer.* 312 S. 1969. DM 58,60
136 **Wirtschaftstheoretische Überlegungen zu Grundannahmen der Nationalökonomie.** Von *L. Bauer.* 153 S. 1969. DM 29,80
137 **Arbeitsmobilität und regionales Wachstum.** Von *H.-J. Bodenhöfer.* 196 S. 1969. DM 36,60
138 **Grundbegriffe der Statistik.** Von *G. Marinell.* 99 S. 1969. DM 18,60
139 **Die Rolle der Offiziere in der deutschen Wirtschaft nach dem Ende des Zweiten Weltkrieges.** Von *M. Lesch.* 179 S. 1970. DM 38,60
140 **Rationales Handeln in der Ökonomie.** Von *D. Eckel.* 136 S. 1970. DM 24,80
141 **Gebändigter Klassenkampf. Tarifautonomie in der Bundesrepublik Deutschland.** Von *C. Noé.* 351 S. 1970. DM 58,60
142 **Investitionsquote, Wachstum und Gleichgewicht.** Von *H.-J. Rüstow.* 62 S. 1970. DM 15,60.
143 **Forschungspolitik und Forschungsplanung.** Von *J. F. Reuter.* 193 S. 1970. DM 39,60

D U N C K E R & H U M B L O T / B E R L I N